경제사 아는 척하기

까다롭고 복잡한 경제사가
쉽게 읽히는 경제 교과서

INTRODUCING ECONOMICS

경제사
아는
척하기

까다롭고 복잡한 경제사가
쉽게 읽히는 경제 교과서

팬덤북스

목차

경제학이란 무엇인가?

경제학은 재화와 서비스가 사회에서 어떻게 생산되고, 분배되며, 소비되는지를 다루는 학문이다. 자원의 공급은 보통 유한하기에, 1935년 영국의 경제학자 리오넬 로빈스는 경제학을 가리켜 '결핍의 학문'이라고 서술한 바 있다.

구화

경제 사상은 적어도 화폐만큼이나 오래되었다. 최초의 화폐는 금, 은 같은 귀금속으로 만들어졌다. 화폐는 기원전 6세기경 오늘날의 터키에서 최초로 출현한 것으로 받아들여지고 있다. 그 뒤를 이어 메소포타미아부터 페르시아, 인도, 중국에 이르기까지 문명세계에서도 사용되었다.

고대 경제 사상은 서로 다른 나라에서 다양하게 존재했었어.

그러나 경제학은 오랫동안 물리학 같은 '과학'을 귀감으로 삼아왔지. 그리스 철학자들의 사상에 근간을 둔 서양 과학의 전통에 따라 그 형태가 갖춰졌지.

그럼 고대 그리스의 한 동굴에서 이야기를 시작하자.

피타고라스

철학자 피타고라스기원전 570-495는 오늘날 학교에서 수학 시간에 배우는 직각 삼각형에 대한 저 유명한 피타고라스의 정리를 도출했다. 하지만 그는 경제학뿐만 아니라 과학 전반에 걸쳐 계속 영향을 주고 있다.

그리스인들은 그를 반쯤은 신으로 간주했다. 그의 출생은 이미 델포이 신탁에 의해 예언되었으며 부친은 아폴로 신이라는 소문도 났었다고 전해진다.

그의 학파는 숫자 숭배를 하는 사이비 종교가 될 정도로 커졌다. 피타고라스 학파는 매우 비밀스러웠기에 글로 작성된 문서는 그 어떤 것도 남기지 않았다. 이 때문에 오늘날 피타고라스 학파에 대해 간접적으로 알려진 것밖에 없다.

천체의 음악

피타고라스 학파는 만물이 숫자로 이뤄져 있다고 믿었다. 각각의 숫자는 특별하고 중요성이 있다고 생각했다. 가장 신성시되는 숫자는 10이었는데 테트락티스로 상징되었다.

피타고라스는 음악의 조화가 현과 현 사이의 길이 비례에 기초한다는 것을 발견했다. 음악은 다양한 예술 가운데에서도 가장 신비스러운 것으로 여겨졌는데 이런 생각은 온 우주가 숫자에 근간을 둔다는 믿음을 뒷받침했다. 이것이 피타고라스 학파가 말하는 '천체의 음악'이다.

경제학과 화폐 또한 모든 것이 숫자로 함축할 수 있다는 피타고라스 학파의 사상에 기초한다. 피타고라스는 사실 그리스아테네에서 최초로 주화의 도입에 관여했다.

오이코노미코스

경제학이란 단어는 피타고라스에게 영향을 받은 그리스의 철학자 크세노폰기원전 431~360 의 책에서 유래하였다. 크세노폰은 《오이코노미코스Oikono-mikos》에서 어떻게 하면 효율적으로 농지를 관리하고 경영할 수 있는지를 서술하였다.

그는 또한 복잡한 일은 분업을 통해 최선의 결과를 성취할 수 있다고 주장하였다. 아테네처럼 규모나 복잡성이 급속도로 성장하던 도시들은 다방면에 걸쳐 전문가들을 활용할 수 있다는 이점이 있었고, 아테네보다 더 작은 도시들은 많은 일을 더 비효율적으로 해야만 했다고 주장하였다.

이런 주장은 애덤 스미스의 이론보다 2천 년이나 앞선다. 하지만 안타깝게도 노예제도를 기반으로 한 사회에서 전문가들을 조율하고 그들이 역할을 수행하도록 만든 것은 시장이 아니라 재산 관리인이었다.

플라톤의 《국가》

플라톤기원전 427~347은《국가Republice》에서 훌륭하게 재산을 관리하는 방법에서 한 발 더 나아갔다. 그는 '수호자'로 알려진 철인이 다스리는 이상사회유토피아 에 대해 설명했다.

플라톤은 다음과 같은 내용을 주장했다.

첫째, 아이를 양육하는 것을 포함해 모든 일은 전문가들에게 배분되어야 한다.

둘째, 재산은 수학적 기준에 따라서 나누어져야 한다.

셋째, 도시의 최대 인구수는 5,040명으로 한다. 재산을 갖는 최대 인구수 5,040은 숫자 1에서 10까지의 모든 숫자로 나눠진다. 쉽게 구분된 행정집단 으로 세분될 수 있기 때문이다.

아리스토텔레스

플라톤의 가장 유명한 제자는 분명 아리스토텔레스기원전 384~322였는데, 그는 천문학에서 의학과 윤리학에 이르기까지 다방면에 걸쳐 집필하고 가르쳤다. 아리스토텔레스는 화폐의 유일한 목적을 '교환매개'라고 생각했다. 이는 그의 책 《니코마코스 윤리학Nichomachean Ethics》에서 '돈은 모든 것의 척도'라고 주장한 것에서도 잘 드러난다.

아리스토텔레스에 따르면, 재화의 공정한 분배는 피타고라스 평균으로 알려진 특이한 수학적 공식에 따라 정해질 수 있다.

예를 들어, 어떤 사람이 한 필지의 토지를 다른 사람에게 매도한다고 가정하자. 매도인의 최소 매도가격은 120달러인데 비해 매수인의 최대 희망 매입가격은 80달러이다.

이 경우 적절한 가격은 조화평균 값인 96달러가 되는데 이 금액은 최저금액보다 20% 더 높지만, 최대금액보다는 20% 낮기 때문이다.

음악이 숫자에 의해 좌우되듯이 아리스토텔레스는 '공정한 배분도 숫자에 의해 좌우되어야 한다.'고 생각했다.

대립체계

아리스토텔레스는 《형이상학Metaphysics》에서 다음의 대립목록을 피타고라스 학파 덕분이었다고 밝혔다. 사실 그들은 이를 매우 비밀리에 간직해 외부로 유출하지 않았다.

유한한	무한한
홀수	짝수
단수	복수
오른쪽	왼쪽
남자	여자
정지	이동
직선의	구부러진
빛	어둠
정사각형	직사각형
선	악

피타고라스 학파는 왼쪽과 오른쪽의 특징을 각각 선과 악에 연관지었다. 여기서 재미있는 사실은 이 목록이 피타고라스 학파는 물론 그 이후 서양의 과학적 사고의 발전과정에 영향을 주었을 뿐만 아니라, 경제학에도 지대한 영향을 주었다는 데 있다.

유한한 자원과 무한한 자원

유한한 자원이라는 개념은 아리스토텔레스를 포함한 그리스인들에게 중요한 것이었다. 아리스토텔레스는 상인들이 스스로 그 어떤 것도 생산하지 않고 단지 교역을 통해 막대한 부를 축적한다는 것에 주목했다. 아리스토텔레스는《정치학Politics》에서 두 가지 형태의 교환을 구분했다.

첫째는 아리스토텔레스 자신이 '자연적'이라고 지칭하는 것으로, 사람들이 진정한 필요를 충족하기 위해 교환할 때 나타난다고 했지.

이는 윤택한 삶을 살기 위한 자원이 유한하다는 사실 때문에 발생하는 제약이야.

두 번째는 인위적인 교환인데 이는 오롯이 돈을 벌기 위해 발생한다. 아리스토텔레스는 이자를 목적으로 하는 고리대금업이 무제한으로 시장 질서를 어기면서까지 빌려준 돈의 가치를 증가시킨다는 관점에서 비윤리적이라고 보았다.

이 같은 윤리적 고려가 노예들에 대한 처우에까지 이르지는 않았어.

아리스토텔레스는 그의 스승이었던 플라톤처럼 선생이었다. 그의 제자 중 알렉산더라는 이름의 청년이 있었는데, 그가 바로 훗날 이집트에서 인도 일부에 달하는 대제국을 건설한 군사학의 천재 알렉산더 대왕이었다.

기원전 3세기 알렉산더 대제의 제국이 몰락한 후, 서양의 경제사상은 기나긴 빙하기를 맞이했다. 아리스토텔레스와 다른 그리스 사상가들의 가르침들은 제국의 몰락과 함께 저 멀리 도서관에 오랜 시간 동안 봉인되었다.

암흑시대

로마인들은 경제 세미나를 개최하는 것보다 도로를 건설하는 데 관심이 더 많았다. 그러나 그들은 현대 자본주의의 근간인 사유 재산권의 보호를 포함한 법률제도의 발전에 크게 공헌했다.

로마제국을 몰락으로 내몬 요인들은 여러 가지가 있지만 그 중 하나는 분명 경제 문제였다.

로마제국의 쇠퇴와 함께 암흑시대라 불리는 시기가 도래했다. 오늘날 역사학자들은 대략 기원후 5세기부터 11세기까지를 가리키는 이 시기를 중세시대 초기라 부르는 것을 선호한다. 무역과 도시의 중요성은 감소했으며 경제는 대개 자급자족에 기반을 두었다.

*자본주의는 생산수단의 사적소유와 이윤을 목적으로 한 재화의 거래에 기반으로 한 경제체계이다.

중세시대

중세시대에는 경제사상은 종교에 의해 지배되었고, 이것은 특히 기독교와 이슬람 사이 전쟁에서 특히 그러했다. 초점은 윤리에 있었다.

구약성서에는 경제와 관련된 많은 구절들이 있다. 고리대금을 금했고, 7년마다 희년이라 불리는 해에는 빚진 자들의 모든 채무를 탕감해주었다. 고된 노동에 대한 보상은 정당하게 인정되었으나 자기 자신만을 위해 부를 추구하는 것은 권장되지 않았다.

신약성서는 더 직접적으로 반 상업적 노선을 취했다. 예수 그리스도의 두 번째 재림이 아마도 현재 모습의 세계가 종말을 맞이하게 될 것이라는 의미를 가졌었기 때문인 듯하다. 이것이 부의 추구를 무의미한 것으로 만든 것이다.

이슬람의 발전

유럽인들이 암흑시대라고 부르는 시기가 이슬람에서는 황금기였다. 아라비아, 북아프리카, 페르시아 그리고 스페인의 일부에서 무슬림의 정복이 특히 두드러졌다. 무역의 증가는 화폐의 역할에 엄청난 이점이 있다는 것을 의미했고, 그 즈음 화폐는 이전에 비해 훨씬 폭넓게 사용되었다.

유럽에서 무슬림 학자로 알려진 아베로스Averroes, 이븐 러쉬드, 1126~1198는 스페인의 코르도바에서 태어났다. 그의 저작은 법, 천문학 등 다양했는데, 아리스토텔레스의 작품을 번역하기도 했다.

아리스토텔레스가 화폐를 일정 부분 독점적인 교환과 가치측정의 수단으로 본 반면, 아베로스는 화폐를 알라처럼 고정되고 변할 수 없는 것이라고 믿었다. 그러므로 아베로스에게 있어 통치자가 화폐의 가치를 떨어트리는 행위, 예를 들어 동전에 함유된 귀금속의 양을 줄이는 것은 죄를 짓는 것이나 다름없었다.

봉건주의

기독교가 뿌리내린 유럽은 오늘날 봉건주의로 잘 알려진 경직된 계급사회로 이루어져 있었다.

영주는 자신의 가신들에게 영지를 하사하고

그리고 우리는 영주님의 기사로서 군역의 의무를 부담해야 했지.

가장 크고 힘 있는 영주는 교회였다. 신전 기사단과 같은 기독교 기사단을 통해 교회는 성공적으로 군사력을 키울 수 있었다. 토지를 부동산 사무소가 아닌 정복을 통해 획득하는 시대였다는 점에서 매우 중요한 의미를 갖는다. 말 그대로 무력점거라는 표현이 딱 들어맞는다.

기독교 유럽은 결국 무슬림에게 빼앗겼던 영토의 상당수를 탈환했는데 이 덕분에 유럽인들의 경제 규모와 무역로의 거대한 확장이 가능했다. 또한 아베로스의 번역 덕분에 아리스토텔레스가 재조명받았다.

*십자군 전쟁 중, 신전 기사단은 세계 최초로 은행을 설립했다.

대학

12세기에는 부의 융성, 신흥 도시 거주자 계급, 그리고 고대 사상가들에 대한 재발견 등이 학문에 대한 열풍을 불러일으켰다. 사람들은 갑작스레 더 높은 수준의 교육에 대한 필요성을 갖게 되었다. 하지만 이를 충족시키기 위해서는 새로운 기관을 만들어야 했는데 대학이 바로 그것이었다.

교육과정의 핵심은 아리스토텔레스의 저작이었다. 오늘날 스콜라 경제학이라고 알려진 이 학파는 파리에 자리 잡았는데, 이들은 기독교 신학과 아리스토텔레스의 돈과 사유재산에 관한 사상의 조화를 목표로 삼았다.

성 토마스 아퀴나스

아리스토텔레스 학파와 기독교 교리를 합치는 작업은 도미니크회 수사 토마스 아퀴나스Thomas Aquinas, 1225~1274에 이르러 절정에 달했다. 그는 파리와 쾰른에서 가르쳤는데 특히 그리스 철학의 합리성을 크게 강조했다.

그는 '공정가격'이라는 개념을 관습적으로 인정된 가격과 연결지었는데 이는 구매자나 판매자 모두 강압이 없는 상태에서 유지되는 가격을 의미했다. 아퀴나스는 물건에 대한 가격이 서로 흥정을 통해 결정될 수 있음을 인정했지만, 한쪽이 일방적으로 이득을 보려는 행위는 가뭄에 굶주리는 사람에게 세금을 더 물리는 것과 같아서 올바르지 않다고 생각했다.

코페르니쿠스

아리스토텔레스의 이론 중 하나로 태양이 지구 둘레를 돈다는 것이 있다. 교회는 이 설을 강력히 지지했는데, 신의 가장 위대한 창조물인 인류가 우주의 중심이 되어야 한다고 생각했기 때문이다. 그러나 16세기에 이르러 폴란드 출신의 천문학자인 코페르니쿠스Copernicus가 아리스토텔레스와 기독교적 세계관천동설에 균열을 일으켰다. 그는 죽기 전 출판된 저작에서 적어도 수학적 관점에서 보면 지구가 태양을 중심으로 돈다지동설는 것이 훨씬 더 이해하기 쉽다고 주장하면서 천동설의 문제점을 지적했다.

지동설보다는 덜 이목을 끌었지만 코페르니쿠스는 폴란드 왕에게 어떻게 하면 화폐의 가치를 유지할 수 있는지도 조언했다.

나바루스

도미니크회 신부인 나바루스Navarrus는 스페인의 살라만카라는 도시에 살았
는데, 코페르니쿠스와 비슷한 주장을 했다.

화폐는 여전히 본질적으로 이익이 되지 않는 교환을 위한 수단으로 여겨지
고 있었지만 동시에 그 나름의 역동성도 내포하고 있었다. 나바루스의 화폐에
대한 통찰은 콩키스타도르스페인어로 정복자를 의미 정복 활동에 힘입어 신대륙의 금
광에서 유입된 막대한 양의 금을 감안했을 때 매우 적절했다.

상업주의

중세 스콜라 경제학은 개인 사이 소규모의 거래미시경제에 초점을 맞추었는데, 청빈의 서원을 한 수도자들이 주도했다. 르네상스 시대14세기~17세기에 이르러서는 미시경제가 아닌 거시경제에, 윤리가 아닌 돈을 버는 방법에 관심이 쏠렸다.

봉건주의는 강력한 군권과 중앙집권화된 국가를 군주가 통치하는 군주제로 바뀌었다. 선박기술의 발전과 콜럼버스를 비롯한 탐험가들의 원정이 아메리카와 아시아 사이의 가치 있는 새로운 무역로를 개척했다. 이로 인해 전 세계적으로 무역량이 폭발적으로 증가했다. 고리대금에 대한 규제는 점차적으로 완화되었고, 상업주의로 알려진 새로운 정치·경제적 움직임이 태동했는데, 상업주의는 부국강병을 달성하고 유지하는 것을 그 목표로 삼았다.

제국의 부흥

중상주의 노선에 따라 온전히 구축된 최초의 경제 체계는 영국의 엘리자베스 1세의 치세였다. 그녀의 해군함대는 영국을 역사상 가장 거대한 제국으로 탈바꿈시켰다. 다른 서구열강들, 특히 스페인과 프랑스가 그 뒤를 이었다.

중상주의에 따르면, 세계 경제는 근대 국가들이 즐기는 하나의 게임이며 그 목표는 가능한 많은 양의 재물을 금과 은의 형태로 획득하는 것이었다. 영국처럼 금광이나 은광이 없는 국가들은 무역, 정복, 그리고 식민지 노예들을 동원한 중노동을 통해 그 목표를 달성하고자 했다.

중상주의는 전 세계에 있는 모든 부의 총량은 고정되어 있다고 믿었기 때문에 경제는 제로섬 게임이었다. 즉, 영국의 경제학자 토마스 먼Thomas Mun, 1571~1641은 이렇게 말했다.

《영국에서 동인도 제도까지의 무역론》

중상주의 경제학

스콜라 학자나 철학자를 대신해 새로운 경제학 사상들이 다재다능한 르네상스 시대의 천재들, 이를테면 공직자들, 기자들 그리고 동인도회사의 경영자였던 토마스 먼과 같은 사업가들에 의해 발전하였다.

중상주의 경제학자들은 경제나 도덕적 행동까지를 모두 아우르는 이론에 대하여 서술하는 것 대신, 무역 또는 화폐와 같은 각각의 경제 주제들에 초점을 맞췄다.

그들은 정부가 무역관세, 독과점, 그리고 보조금 등을 통해서 수출을 장려함으로써 화폐유입을 촉진하는 한편 수입은 막아야 한다고 주장했다. 또한 군사력은 새로운 자원을 찾고 관리하는 데 있어 중요하다는 입장을 견지했다.

우리는 반드시 이 규칙을 준수해야만 한다 : 가치면에서 매년 이방인들의 물건을 소비하는 것보다 더 많이 그들에게 판매하라!

국력

제국의 유지에는 0비싼 대가가 따랐기 때문에 정부는 항상 많은 자금을 조달해야 했다. 또한 영국 정부는 내부적으로도 인플레이션나바루스가 예측했듯이 화폐공급의 팽창 때문에 발생, 가난 같은 문제들에 시달렸다. 이 같은 문제들은 중세사회구조의 붕괴로 야기된 것이었다. 엘리자베스 여왕은 이렇게 말했다.

"어디를 가든 가난한 사람들이 있구나!"

1601년, 엘리자베스 여왕은 빈곤문제를 해결하기 위해 자신의 이름을 딴 엘리자베스 빈민법을 도입했다. 그러나 경제학자들은 대체로 경제에 있어서만큼은 마키아벨리적 접근을 선택했는데 이는 국력을 극대화하기 위한 것이었다.

프랑스의 루이 14세 정부에서 재정장관이었던 장 밥티스트 콜베르Jean Baptiste Colbert, 1619~83는 이렇게 주장했다.

> 오직 국가 내에 있는 막대한 양의 화폐만이 한 국가의 국력과 위대함에 큰 차이를 만들지.

내수시장과 노동력을 공급하기 위해서는 대규모 노동계급의 존재가 필수적이었다. 영국의 작가이자 저널리스트였던 대니엘 디포Deniel defoe, 1659~1731는 다음과 같이 언급했다.

노동자가 존재하는 이유는 그들 스스로 최소한의 생계를 유지하는 삶에서 탈피하는 것이 아니었고, 오직 국가를 위해 부를 창출하는 데 있었다. 개인의 권리는 전적으로 국가에 종속되어 있었다. 효율성을 극대화하기 위해 유럽 정부들은 사소한 부분에 이르기까지 경제에 관여했다.

재미있는 사례를 하나 든다면, 장 밥티스트의 판결이다. 그의 판결에 따르면, 디종에서 오는 직물류는 정확히 1,408개의 실을 포함해야 한다는 내용이 있다. 정말로 사소한 부분까지 통제하고 있었던 것이다.

합리역학

시선을 다시 대학으로 돌려보면, 과학이 최초로 아리스토텔레스의 우주론에 기초한 중세 세계관을 대체할 설득력 있고, 일관적인 대안을 발전시키고 있었다. 코페르니쿠스는 지구가 우주의 중심이 아닐지도 모른다는 것을 보여주었다. 그로부터 거의 1세기하고도 반세기가 지난 후, 아이작 뉴턴Issac Newton, 1643~1727은 《프린키피아Principia Mathematica》1687에 운동의 법칙과 만유인력의 법칙을 담아냈다.

원자

뉴턴은 갈릴레오가 그랬듯 물질이 고체이며 덩어리졌고, 단단하고 꿰뚫을 수 없으며, 움직일 수 있는 입자로 이루어져 있다고 믿었다. 그의 운동법칙은 이런 입자들이 합리역학에 따라 움직인다고 규정하였다. 이는 곧 수학을 통해 사물의 움직임이 예측될 수 있다는 의미다.

시장의 광기

53세에 이르러 뉴턴은 왕립 조폐국장이 되었다. 뉴턴은 자신의 재정법을 물리학 법칙들만큼이나 진지하게 여겼고 다수의 위조 화폐 제조자들을 교수형에 처했다.

안타깝게도 그는 경제가 천체의 움직임보다 예측하기 어렵다는 것을 자신의 재산 대부분을 남해 버블 사건[1720]으로 날려버리고 나서야 깨닫게 된다.

다른 사상가들은 환원주의적 방법론을 사회와 경제에까지 확장하여 적용했다. 이는 17~18세기에 일어난 철학 그리고 정치학에서 계몽운동의 한 부분으로서 자본주의의 지적 토대가 되었다.

토마스 홉스Thomas Hobbes, 1588~1679, 존 로크John Locke, 1632~1703와 같은 철학자들은 "우주는 본질적으로 합리적이어서 인간의 이성 그리고 실증적 관찰을 통해 이해할 수 있다."고 주장했다.

하지만 그들이 주장한 합리성은 중세 스콜라 철학에서의 합리성과는 현저히 달랐다. 미리 결정된 우주 질서가 반영되어 있기에 오염되지 않고 고정된 사회질서를 대신한다고 생각했다. 계몽주의 사상가들은 사회를 기계처럼 협업하며 사익을 위해 움직이는 개개인 사이에서 작용하는 계약 상의 휴전 장소로 보았다.

심장에 해당하는 것이 태엽 바퀴이고, 신경은 많은 선이며, 관절은 여러 바퀴라 한다면 몸 전신에 운동을 부여하는 것은 무엇일까?'

*실증적 : 이론이 아닌 실험, 관찰, 경험에 의거한 것을 의미한다.

리바이어던

홉스는 《리바이어던Leviathan》1651에서 사회적 제한과 통제가 없는 선사시대를 가정했는데, 그런 조건에서라면 인간은 '자연상태'로 존재한다고 주장했다.

자연 상태의 삶은 고독하고, 빈곤하며, 불쾌하고, 야만적이며, 또한 짧을 것이지.

→ 찰스 2세

홉스는 사람들이 위와 같은 운명을 회피하기 위해 통치자에게 복종하는 것을 선호하며, 이때 사람들이 복종하는 통치자를 '리바이어던' 이라고 불렀어.

독립적 개체인 개인으로 형성된 세계에서의 사회적 서열은 오직 개인의 힘이 타인보다 우위인지에 따라 결정된다. 홉스는 구조적으로 안정된 사회를 정립할 수 있는 유일한 방법은 한 명의 강력한 통치자를 선출하는 것이며, 다른 방법은 사회에 분열과 불화만 초래할 것이라고 믿었다. 홉스가 이처럼 믿은 이유는 독일 30년 전쟁과 영국에서 일어난 내전에 영향을 받은 탓이었던 것으로 보인다.

이익 욕구

홉스는 힘을 엄격하게 경제용어로 측정했다.

사람의 값 또는 가치는 다른 모든 것들이 그런 것처럼 그 자신의 가격이야. 다시 말해, 힘의 사용량에 따라 정해져.

그리고 마찬가지로 다른 것들도 판매자가 아닌 구매자가 가격을 정하지.

따라서 리바이어던, 즉 통치자는 신에게 부여받은 권한이 아닌 백성들의 동의를 통치의 바탕으로 삼는다.

《리바이어던》은 대단히 논란이 많고 분쟁을 일으키는 저작이지만, 홉스만 유일하게 인류를 비관적이며 기계적인 관점에서 본 것은 아니었다. 홉스와 같은 견해는 곧 일반적인 것이 되었는데, 이는 스코틀랜드 출신 철학자인 데

인간은 기본적으로 이득에 따라 움직이게 돼 있어.

이비드 흄David Hume, 1711~76의 위와 같은 생각을 통해서도 잘 드러나 있다.

로크의 백지 이론

영국의 철학자인 존 로크는 아이작 뉴턴과 로버트 보일화학자 같은 과학자들에게서 영향을 받았다.

  존 로크는 《인간 오성론Human Understanding》1690에서 인간은 한 장의 백지와 같은 마음으로 평등하게 태어난다고 주장했다.

> 인간은 오감과 경험을 통해 합리적으로 학습하고 이를 통해 내적 세계상을 구축하지.

  즉, 로크에게 있어 사람의 행동은 환경의 함수였다. 다시 말해 불활성 입자처럼 인간의 행동 궤도는 각자가 경험한 힘에 좌우된다고 보았다. 홉스와 달리, 로크는 자연상태의 인간은 행복하며 자연의 법칙과 조화를 이룬다고 생각했다.

사회계약론

로크는《통치론Two Treatises on Governmen》1689에서 국가의 역할은 시민의 권리와 자유를 수호하는 것이라고 주장했다. 이중 핵심 권리는 '사유 재산권'이었는데, 로크는 '사유 재산권'이 인간의 노동력과 물질세계가 결합할 때 생긴다고 믿었다.

정부의 역할은 사유 재산권을 할당하는 것이 아닌 보호하는 것이다. 이것이 바로 로크의 사회계약 사상이다.

로크에 따르면, 화폐는 귀금속으로 만들어져 상할 염려 없이 저장할 수 있으므로 가치를 갖는다. 따라서 사회는 화폐가 교환의 매개수단으로 사용될 수 있도록 암묵적 동의를 하게 된다.

돈을 사용하고 일부는 상할 것이라는 염려 없이 영속적으로 보관하지. 그럼으로써 상호 동의 하에 사람들은 유한한 삶을 지탱하기 위해 생필품과 교환하지

로크는 사유 재산권의 존엄성과 화폐의 축적을 정치적으로 정당화시켰다. 이는 그 후 1787년에 제정된 미국 연방 정부의 헌법에도 중대한 영향을 주게 된다.

소수 vs 다수

로크의 사상 그리고 점점 커져가는 개인주의에 대한 강조는 당시 사회 전반에 폭넓게 퍼져 있던 경제학계의 정설에 직접적인 도전이 되었다. 중상주의에 따르면, 경제정책의 목적은 수출을 위한 저가 제품을 생산하고 이를 통해 국가 보유 통화량을 극대화하는 것이었다.이 당시 사람들은 화폐량이 고정돼 있다고 생각했다. 위와 같은 시스템은 국가의 엘리트 계급에는 매우 효과적이었으나 갓 형성된 부유한 상인 계급에는 덜 효과적이었다.

이로써 국가에서 개인으로, 생산자에서 소비자로 초점이 옮겨갔다.

중상주의자들은 수출을 극대화하려 했기에 인위적 저환율을 선호했다. 저환율이 다른 나라에 비해 저렴한 비용으로 제품생산을 가능하게 했기 때문이다.

하지만 로크의 자연법에 따르면, 화폐는 사람들의 암묵적인 동의 하에서 가치를 갖게 된다. 자연이자율이 그렇듯 수요와 공급에 따라 화폐가치가 변하는 것이다. 그래서 만일 화폐의 양이 충분하다면 그렇지 않을 때보다 작은 이자를 얻게 된다.

이 문제는 1690년대에 영국에서 발생한 은 위기 때 정점을 찍었다.

은 위기

영국 은화는 시간이 흐름에 따라 점차 얇아졌다. 영국 정부가 화폐의 가장자리를 깎아냈기 때문인데 이렇게 깎아낸 부분은 녹여서 처분했다. 이런 이유로 영국 정부는 새 은화를 발행하기로 결정했다. 그런데 이때 한 가지 고민거리가 발생했다.

은화의 금속 함유량을 원래 중량대로 맞춰서 발행할지로크의 제안 아니면 은의 함유량을 줄인 새 은화를 주조할지중상주의자들의 제안가 그것이었는데 고민 끝에 로크의 안을 받아들여 은화를 주조하게 되는데…

하지만 새로 주조된 은화는 보관하는 대신 이전에 유통되던 금화만 사용하는 예상치 못한 결과가 나타났지.

이것은 '악화가 양화를 구축한다.'는 그레셤 법칙의 한 예다.

자유무역

중상주의를 비난한 학자는 존 로크만이 아니었다. 두들리 노스Dudley North, 1641~1691는 무역은 영합 게임이라기보다 크세노폰이 도시국가인 아테네에서 확인했던 것처럼 오히려 전문화를 촉진함으로써 만인을 더 부유하게 만든다고 주장했다.

철학자 데이비드 흄은 후에 그 어떤 경우에도 지속적으로 무역수지 흑자를 유지하는 것은 불가능하다고 지적했다. 수출에서 흑자가 발생한다는 것은 더 많은 돈이 국내로 유입된다는 것을 의미하며, 이는 다시 화폐공급을 늘려 인플레이션을 유발하게 된다는 것이 그 이유였다.

그렇게 되면 결국 제품 가격이 상승해 수출도 감소하게 된다.

학문으로서 경제학

교회나 국가가 아닌 한 개인을 경제의 중심으로 삼는다는 생각은 코페르니쿠스가 역설한 지동설만큼이나 큰 충격을 주었다. 경제학은 더 이상 신학이 아닌 인간행동에 관한 과학적 이론들에 기반을 두게 되었다.

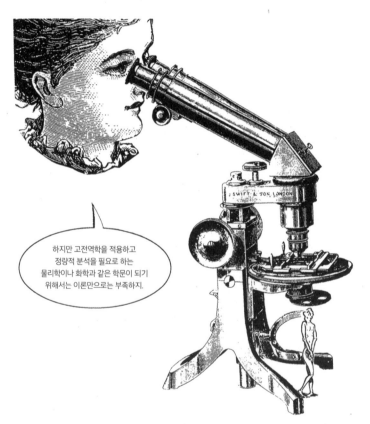

또한 경제학자들은 개인들이 실제로 무엇을 하고 있는지 알아야 할 필요가 있었다. 즉, 영국의 다재다능한 경제학자인 윌리엄 페티가 보여준 실증적 측량과 같은 방법이 필요했다.

윌리엄 페티

윌리엄 페티William Petty, 1623~1687는 네덜란드에서 의학을 공부했는데, 토머스 홉스의 개인 비서로 잠시 일하기도 했었다. 그 이후 아일랜드에서 올리브 크롬웰을 위해 설문조사 일을 하기도 했었다. 이때 그는 보수의 일부분을 토지로 받았기 때문에 아일랜드에서 꽤 큰 지주가 될 수 있었다.

영국에 돌아온 후에는 왕립학회의 창립회원다른 회원들로는 로크, 뉴턴, 그리고 그외 당시 주류 과학자였던 이들이 포함됨이 되었으며, 본인의 경제를 분석하기 위해 자신의 설문조사 기법을 적용했다. 윌리엄 페티는 정치산술 외 다른 저서에서 당면한 질문에 답변하기 위해 노력했다.

페티는 약 600만 명의 인구가 연평균 7파운드를 썼으리라 추산했는데 이는 총 420만 파운드 규모였으며, 이 지출은 토지, 노동력, 그리고 자본에서 발생한 수입과 일치해야만 했다.

페티의 다음 단계는 앞서 언급 세 가지 종류의 자산토지, 노동력, 자본이 모두 5%의 동일한 자본 수익률을 가질 것이라고 가정하는 것이었다. 이는 노동력의 총 가치가 5억 2천만 파운드에 달하게 된다는 의미가 된다그래야만 5%의 투자 자본 수익률이 정확히 2,600만 파운드가 된다.

* 자본은 생산의 밑거름이 되는 자원을 일컫지. 여기서 자본주의라는 용어가 유래했어.

무게와 측정

사용 가능한 데이터의 부족 때문에 페티는 몇몇 불가능에 가까운 가정에 의존하게 된다. 하지만 그것은 과학에 계량학적 토대를 더하고자 했던 왕립학회의 계획과 일치했다. 또한 이는 오늘날 행해지는 정교한 국가회계로 향하는 첫걸음이 되었다.

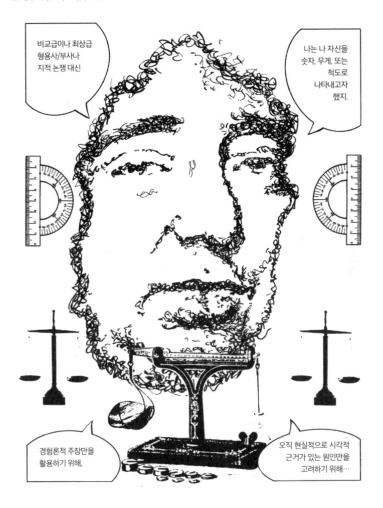

런던에서 포목상을 하던 존 그랜트John Graunt, 1620~74는 그의 친구인 페티의 계량학적 접근을 더욱 발전시킨다. 그의 책《사망표에 관한 자연적 및 정치적 제관찰Natural and Political Observations made upon the Bill of Mortality》은 1604~1661년에 걸친 런던의 출생표와 사망표를 편집한 것이었는데, 이는 표본추출과 인구통계학 분야의 시초로 볼 수 있다.

그랜트는 출산 가능 연령대의 여성인구를 추정하기 위해 출생기록표를 활용했으며, 그 후 외삽법을 통해 38만 4,000명으로 추정되는 총인구를 산출했다.

프랑수아 케네

태양왕이라고도 알려진 루이 14세가 다스리던 시절 계몽주의적 가치관은 어둠 속에 남겨져 있었다. 하지만 루이 15세 통치 하에서는 검열이 약화되었기에 18세기 중반부터는 과학 활동이 폭발적으로 증가하게 되었다.

윌리엄 페티와 존 로크 등 당대의 여타 과학자들처럼 프랑수아 케네François Quesnay, 1694~1774도 의학을 전공했다. 로크는 샤프츠베리 백작의 개인 주치의로 일했고, 케네는 베르사유 궁전에서 루이 15세의 정부인 퐁파두르 부인의 주치의로 일했다.

중농주의자

케네의 경제관은 피가 인체 내에서 순환한다는 윌리엄 하비의 발견에 영향을 받았다. 그는 사람의 육체가 지속적인 혈류 순환에 의존하는 것처럼 경제역시 지속적인 화폐순환에 의지한다고 생각했다.

육체의 에너지원이 음식이듯, 케네는 부의 궁극적인 원천이 농업이라고 믿었다. 그외 다른 경제적 활동은 모두 무익하여 잉여가치를 창출하지 않는다고 생각했다.

케네는 마르키스 드 미라보를 포함한 다른 이들과 함께 '중농학파'로 알려진 모임을 만들게 되었다. 중농주의자라는 단어는 '자연의 정부'라는 의미의 그리스어에서 유래했다.

벗어날 수 없는 늪

자신들만의 학술지와 교과서를 만들었던 중농주의자들은 최초로 틀을 갖춘 경제학자 그룹이었다. 1758년에 최초로 출간된 《경제표Tableau économique》에서 케네는 혈액이 다른 장기들 사이를 기계적으로 흐르는 것처럼 화폐가 농부, 지주, 장인의 세 계층 사이에서 어떻게 흐르는지를 보여주었다.

오늘날 거시경제 모델의 초기 버전으로 불리고 있는《경제표》는 농업이 창출한 초기 잉여로 시작한다. 그리고 나서 화폐는 여러 곳에서 이리저리 사용되면서 순환된다.

농부들은 지주들에게 지료를 지급하고, 지주들은 장인들로부터 물품을 구매하며, 장인들은 농부들로부터 식량을 구입하지

나의 가장 친한 추종자들조차 진창에 빠져 흐느적거리는구나.

사혈

1년 동안 발생하는 복잡한 거래기록들을 추적함으로써 어떻게 농업잉여가 경제 전체로 확산되었는지를 알 수 있다. 케네의《경제표》는 추상적인 도표/도해 정도가 아닌 실제 프랑스 경제에 대한 계량적 측정에 기반으로 했다.

　또한 케네는 이 같은 접근법을 과세와 같은 것에 대한 프랑스 경제의 민감성을 계산하기 위해 활용하였다.

　베르사유 궁전에서 논의된 가장 주된 주제는 어떻게 텅 빈 금고를 채워서 7년 전쟁이라는 긴 전쟁을 수행해나갈 것인지에 관한 것이었다.

흐름에 몸을 맡기다

부는 땅에서 비롯되는 만큼 국가가 가장 단순하면서 덜 왜곡된 방법으로 돈을 뜯어내는 방법은 지료를 거두기만 하는 지주들에게 토지세를 부과하는 것이었다.

그 당시 복잡한 거미줄 같은 세금, 보조금, 무역제한, 가격조정, 길드, 독점 따위에 좌지우지되던 프랑스 경제를 고려할 때 이 제안은 매우 급진적인 개혁 안이었다.

안로베르 자크 튀르고

중농주의자들의 계획은 재정장관을 지낸 자크 튀르고Jacques Turgot, 1727~81 남작에 의해 일정 부분 추진되었다.

중농주의자들의 사상이 혁명 전 프랑스에서는 그 싹을 틔우지 못했지만, 이들의 사상은 정책 결정을 이해하는 데 필요한 이론적 모델을 확고하게 해주었다. 부는 오직 이익이 되는 거래를 함으로써 발생한다는 중상주의자들의 주장에 반론을 제기했다.

또한 중농주의자들의 자유방임주의는 프랑스를 방문하는 동안 잠깐 그들을 찾은 스코틀랜드 경제학자인 애덤 스미스를 자극했다.

애덤 스미스

애덤 스미스Adam Smith, 1723~1790는 고전 경제학의 창시자로 여겨진다. 그는 글
라스고 대학에서 도덕철학 교수로 지낼 때《도덕감정론The Theory of Moral Senti-
ments》1759을, 가정교사로 일하면서 유럽을 여행하던 시기에《국부론The Wealth of
Nations》을 집필했다.《국부론》은 미국 독립혁명이 일어난 1776년에 출간됐다.
로크의 사유 재산권 개념과 함께 스미스의 책들은 신생 미국 정부 헌법에 엄
청난 영향을 주었다.

3살이 되었을 무렵 애덤 스미스는 집시들한테 납치당한 후 구출되기 전까지
그들에게 붙잡혀 있었던 적이 있었다.

* 고전 경제학은 자유경쟁과 경제적 성장을 강조한 학파였다. 이 고전 경제학을 19세기 후반에 이르러 신고전 경제학
이 계승하게 된다. 애덤 스미스 외 중요한 고전 경제학자로는 토마스 맬서스, 데이비드 리카도 그리고 존 스튜어트 밀
등이 있다.

스코틀랜드 계몽주의

애덤 스미스는 스코틀랜드 계몽주의자들 중 한 명이었다. 애덤 스미스 외 동시대 스코틀랜드 계몽주의자로는 데이비드 흄, 제임스 스튜어트 등이 있었다. 제임스 스튜어트는《정치경제의 원칙에 대한 논고An Inquiry into the Priciples of Political Oeconomy》를 통해 영국에 수요와 공급의 개념을 소개했다.

이들은 인간의 이성에 대한 낙관적인 믿음과 흄이 지속적이고 인간 본성에 대한 보편적 원리라고 부른 것에 관한 객관적인 탐구를 계속했다.

이에 대한 좋은 예가 스코틀랜드였다. 계몽운동과 영국과의 합병이라는 결과를 통해 스코틀랜드는 유럽에서 가장 발전이 뒤처진 지역에서 가장 발전한 곳으로 탈바꿈하게 되었다.

상업의 시대

스미스와 스코틀랜드 계몽운동 구성원들에 따르면 역사는 4단계를 거쳐 진화해왔다.

그러므로 교환경제는 무에서 출현한 것이 아니라 정치, 사법, 그리고 경제의 복합적인 힘의 작용으로 인한 것임을 나타낸다.

법을 만들고 강제하기 위해서는 정부와 사법부가 필요했다. 애덤 스미스의 《도덕감정론》에 따르면, 타인의 선행이 없는 사회는 비록 가장 만족스러운 국가는 아닐지라도 살 수는 있겠지만, 불의가 만연하게 되면 그것이 완전히 국가를 파괴할 것이다.

실리를 추구하는 사회

원활한 사회생활을 위한 상호 간의 공감 능력은 매우 중요하다.

하지만 애덤 스미스는 사회를 하나로 유지하는 데 있어 가장 중요한 것은 제대로 된 법제도를 제외하면 상업이라고 주장했다.

안정적인 사회는 개개인이 서로에 대한 사랑이 아닌 오직 효용감에 의해 동기부여될 때 존재할 수 있다.

그리고 비록 의무를 지거나 누군가에게 감사할 필요는 없겠지만 서로 동의하는 가치에 기초한 이해타산적 교환을 한다면 사회가 유지될 수 있을 것이다

58

국부론

《국부론》에서 애덤 스미스는 일반 독자들의 언어 수준에 알맞게 교환경제의 작동원리를 분석하면서 어떻게 부가 창출되는지에 대한 질문을 던졌다.

그는 중상주의자들이 부와 화폐 축적을 혼동한다고 비판했다. 애덤 스미스에 따르면, 다른 모든 것과 마찬가지로 금이나 은의 가치는 공급에 따라 결정되며, 화폐의 초과 공급은 인플레이션만 유발할 뿐이다.

이로써 애덤 스미스는 실제 가격과 명목 가격이 서로 다른 것임을 도출해낸 것이다.

동일한 실제 가격은 항상 동일한 가치를 의미한다. 하지만 금이나 은은 가치 변동성 때문에 명목가격이 동일하더라도 이따금 그 가치가 매우 다른 때도 있다

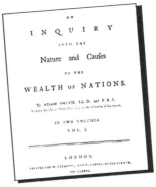

노동가치론

물건의 실제 가치를 결정짓는 마법의 재료는 그 물건을 얻는 데 필요한 노동량이다.

사물의 실제 가격은
(어떤 사물을 갖고자 하는 사람에게
있어서는 그 사물을 위해 얼마의 비용을
지출해야 하는가를 의미함) 그 사물을
획득하기 위해 소요된
수고와 노동이지.

애덤 스미스에 따르면, 노동은 인간이 생산에 접목한 것만을 측정한 것이어서는 안 되고, 지대나 이윤 같은 요소들까지 포함하여 측정한 것이어야 한다.

옥수수 가격을 예로 들자면,
일부분은 지주에게 지대로 지불하고,
다른 일부는 월급 또는 인부들과
옥수수를 재배하는 데 투입된 소들의
유지비용으로 지불하며, 세 번째 부분이
농부의 이익이 되는 것이지.

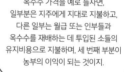

자연 가격

물론 화폐 같은 다른 어떤 것과 비교하는 것 이외에 재화의 가치를 측정하는 것은 불가능하므로 실제 가치는 오직 시장에서 구한 명목 가격으로만 추정할 수 있다. 이것이 결국 수요와 공급에 의존하는 결과를 낳는다.

애덤 스미스의 생각은 그의 주된 이론으로 이어졌다. 그는 경쟁시장이 재화의 가격을 균형 가격으로 정의된 자연 가격에 상응하게 만든다고 말했다. 이때 자연 가격혹은 균형 가격은 노동 및 토지 그리고 자본의 기여가 모두 반영된 가격이다.

경제학과 중력의 법칙

경쟁시장에서 특정 제품이 너무 비싸면 더 많은 공급자들 이 시장에 뛰어들 게 된다. 이로 인해 공급이 늘어나고 경쟁이 심화되면 가격이 하락하게 된다. 반면 가격이 너무 낮으면 공급자들이 도산하거나 시장을 떠나게 되고 이후 가격은 다시 상승한다.

보이지 않는 손

자유시장의 장점은 자유시장을 통해 성취한 모든 업적이 강압이나 통제 또는 고의적 의도 없이 이루어졌다는 데 있다. 자유시장이 그 순기능을 다하는 데 필요한 것이라고는 오직 사람들이 각자의 욕망에 따라 행동하는 것뿐이었다.

자신의 사익을 추구함으로써 '개인들은 보이지 않는 손에 이끌려 자신이 의도한 부분이 아니라 시장의 목표에 기여하게 된다.' 여기에는 사익과 공익 사이에 그 어떤 상충도 없다. 자본 축적은 죄악이 아니라 오히려 투자와 경제 성장의 원천인 것이다.

시장질서

보이지 않는 손은 (1) 어떻게 시장
이 자연가격에 맞춰 실질가격을
조정할 수 있는지, (2) 어떻게 공정
하게 노동, 토지 그리고 자본의 대
가를 분배할 수 있는지, (3) 어떻게
공급을 수요에 일치시킬 수 있는
지, (4) 어떻게 사회에서 가장 필요
한 재화와 서비스를 생산할 수 있
도록 이끌어 줄 수 있는지, 그리고
(5) 어떻게 외부 간섭없이 자율규
제를 할 수 있는지를 단숨에 설명
한다.

하지만 어느 정도의 시장규제는
아직 필요하다. 예를 들면, 경쟁시장
체제를 뒤흔들 수 있는 독과점의
형성은 막아야 한다.

애덤 스미스는 또한 도로와 교육
등 공공 서비스와 관련된 정부의
제한된 역할은 필요하다고 보았다.

나눠서 정복하라

애덤 스미스는 크세노폰처럼 업무가 여러 개의 작은 공정으로 분산되고 각자 한 가지의 공정에만 집중하면 더 효율적일 것이라고 주장했다. 그는 머리핀 공장을 예로 들었다.

한 사람은 철사를 뽑아내고, 다른 사람은 이를 편다. 세 번째 사람은 철사를 자르고, 네 번째 사람은 뾰족하게 한다. 그리고 다섯 번째 사람은 철사의 윗부분을 갈아 핀 머리를 맞추기 알맞게 만들지.

핀 머리를 만들기 위해서는 2~3가지 공정을 거쳐야 해. 핀 머리를 붙이는 것은 고유의 작업이고 핀을 하얗게 칠하는 것은 또 다른 작업이야.

핀 제조라는 중요한 작업은 이처럼 약 18개의 구분된 공정으로 나뉜다.

또한 전문적인 공정들은 더 쉽게 기계화되었다.

시장의 성장

공장의 이미지는 사회에도 일률적으로 적용되었다. 경제성장을 촉진할 수 있는 최선의 방법은 전문화의 전체적 수준을 높이는 것이었다. 그 결과 노동자들에게 도구와 기계를 계속 공급하기 위해 충분한 양의 자본, 노동자들이 자신의 기술과 임금을 교환할 수 있는 커다란 시장 그리고 국가 간 자유무역이 필요했다.

중상주의를 특징짓는 독점, 관세, 폐쇄적인 조합 등이 경제성장의 촉진을 위해 수면 위로 나타날 수도 있었으나 사실 그것들은 경제성장을 방해하는 것이었다. 대부분의 경우, 경제성장을 가장 효과적으로 하기 위해 정부가 할 일은 손을 떼는 것이었다.

산업혁명

경제성장이라는 개념은 중세인들로서는 상상도 하지 못했던 비교적 최근의 것이다. 왜냐하면 사회적 지위가 전통이나 명령에 따라 결정되고, 광고는 금지되었으며, 계급상승이나 부를 얻고자 하는 이의 노력은 대놓고 탐탁지 않게 여겨졌기 때문이다.

그러나 애덤 스미스의 책이 출판된 시기와 영국에서 산업혁명이 태동한 시기가 겹치는 것은 우연이 아니다. 동료인 제임스 와트가 개발한 증기기관이 광업, 직조, 제분, 농업, 제조업, 그리고 교통 같은 분야에서 급진적인 개혁이 진행되는 중이었다.

시장의 힘과 자본의 협력이 촉발되고 있었어. 이는 인간의 창의성과 더 많은 것을 추구하는 욕망 때문에 만들어졌고, 경쟁이라는 보이지 않는 손에 의해서 규제되었지.

토마스 맬서스

계몽주의 사상가들은 대개 경제성장을 낙관적으로 보았다. 애덤 스미스는 경제성장이 영유아 사망률그 당시 영국의 몇몇 지역에서는 영유아 사망률이 50%를 넘어섰다을 감소시켜 노동력 확대로 이어질 것이라고 주장했다. 또한 이것이 결과적으로 노동자의 급여를 일정 수준 이하로 유지해줄 것으로 생각했다.

그렇지만 영국의 사제이자 학자였던 토마스 맬서스Thomas Malthus, 1766-1834는 앞으로 닥칠 엄청난 사실에 주목했다.

> 미국에서는 각 가정이 한 세대마다 생존하는 아이들이 4명 수준으로 자식을 낳고 있었지.

> 만약 이 같은 흐름이 계속된다면 인구는 25년마다 2배로 증가하고, 2세기 내로 250배까지 폭증할 것이야.

1798년에 출간된 《인구론Essay on the Principle of Population》에서 맬서스는 식량이 결국 바닥이 날 것이기 때문에 위와 같은 인구 폭증은 지속될 수 없다고 주장했다.

급격한 성장

자신의 주장을 입증하기 위해서 맬서스는 최소한의 수학적 모델을 사용했다.

기하급수란 숫자가 2, 4, 8, 16, 32처럼 배수로 늘어나는 것을 말한다. 산술 급수는 최초 숫자에 그 숫자가 더해져 늘어나는 것을 말한다. 예를 들어, 숫 자 2가 있다면 2에 2를 더하면 4가 되고 여기에 다시 2를 더하면 6, 또 다시 2 를 더하면 8이 되는 것이다.

그러므로 만약 식량 공급이 산술급수로 증가한다면 처음에 국가가 얼마나 많은 식량을 보유했는지와 관계없이 늘어난 인구를 감당하지 못하게 되는 것이다.

피바람

인구가 너무 많아지면 자연은 이에 대응할 방법을 찾는다.

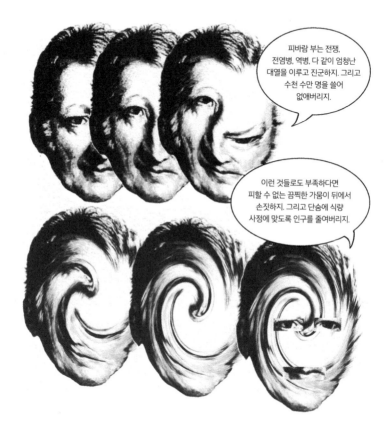

그래서 맬서스는 빈민법을 반대했다. 왜냐하면, 이 법안이 가난한 이들이 더 많은 자녀를 갖도록 조장할 뿐이라고 생각했기 때문이다.

이와 같은 맬서스의 암울한 논조는 당시 영국의 팽창주의와는 어긋났다. 또한 이는 토머스 칼라일이 경제학을 '우울한 과학'으로 부르는 데 일조했다. 훗날 칼 마르크스는 맬서스의 책을 '인류에 대한 명예훼손'이라고 폄훼했다.

적자생존

맬서스의 《인구론》은 다윈의 자연선택론과 자연생태계에 관한 연구에 지대한 영향을 미쳤다.

> 인구과잉은 오직 자신의 환경에 잘 적응한 생명체(즉 적자)만이 생존하게 된다는 것을 의미하지.

그러나 인구통계학적으로 맬서스의 계산은 두 가지를 고려하지 않았다. 하나는 식량 생산을 증대시킬 수 있는 기술이고, 다른 하나는 부와 출생률 간의 관계였다.

국가가 부유해질수록 처음에는 인구급증과 사망률 감소현상이 발생한다 맬서스가 살던 시절의 영국과 미국의 경우처럼. 그러나 시간이 흐를수록 대개 인구증가율이 감소하게 되는데, 그 이유는 부유한 사람들이 더 적은 수의 자녀를 선호하는 경향을 보이기 때문이다.

제레미 벤담

다른 이들에 비해 보다 낙관적 경제관을 취했던 제레미 벤담Jeremy Bentham, 1748~1832은 철학자이자 법학자였고 사회개혁가였다. 그의 공리주의는 후대 경제학자들에게 커다란 영향을 주었다.

벤담은 존 로크의 자연법이나 기독교 윤리 대신 발전해나가는 사회적 필요에 부응하기 위해 법과 도덕률이 등장했다고 믿었다. 그는 사회가 '최대다수의 최대행복'이라는 원칙에 따라 설계되어야 한다고 주장했다.

쾌락주의적 과학

효용은 이해관계 당사자의 행복을 증가시키거나 감소시키는 것으로 정의된다. 그래서 효용은 의사적 쾌락주의 계산법에 따라 계산될 수 있다.

합리적인 사회

제러미 벤담은 합리적이고 문명화된 사회정책을 만들고자 했다. "자연은 인간을 두 주인의 지배 하에 놓이게 했는데 쾌락과 고통이 바로 그 주인공이다. 공리성의 원리는 이 같은 종속관계를 인정하였고, 종속성을 공리체계의 토대로 삼았으며, 이를 이성과 법에 기반으로 한 행복체계의 기초로 가정했다".

벤담은 1832년 사망했으며 그의 유언장에는 런던 대학교 유리관에 자신의 몸을 방부 처리하여 전시해달라는 내용이 있었는데 그의 머리는 밀랍 머리로 대체되었다.

내가 사망한 이후에도 공리를 극대화하기 위해서야.

BENTHAM's POORLY-EMBALMED HEAD, UCL, LONDON
《벤담의 방부처리 잘 안 된 머리》 UCL 런던

데이비드 리카도

벤담의 추종자 중에는 정치경제학자인 데이비드 리카도David Ricardo, 1772~1823와 존 스튜어트 밀John Stuart Mill이 있었다. 이들은 경제학에 논리적·공리주의적 기초를 더하고자 했다.

원래 데이비드 리카도는 증권 중개인으로 일했다. 그러나 자신의 효용성을 극대화함으로써 41살에 큰 부자가 되어 은퇴했는데, 워털루 전투에서 나폴레옹이 아닌 영국국채에 역베팅한 덕분이었다. 그 이후 그는 국회의원으로 지냈다.

데이비드 리카도는 《정치경제학과 조세의 원리에 대하여(Principles of Political Economy and Taxation)》1817에서 노동가치설과 그의 지적 라이벌이자 친구인 맬서스의 인구증가에 관한 몇몇 아이디어들을 결합한 이론을 정립하게 된다.

> 지대는 토지의 가치가 아닌 토지 가치의 차이에 의해 결정되지.

나폴레옹 전쟁 이후, 영국의 옥수수 가격옥수수는 대개 곡물로 간주된다 은 곡물법으로 익히 알려진 중상주의 체제에서 수입 관세로 인해 높은 가격이 유지되었다. 빵 가격이 거의 노동자 임금의 절반에 달했으며 지주들은 돈을 긁어모았다참 으로 이상한 현상이었다. 지주들은 노동하지 않았는데도 돈을 긁어모았다.

리카도는 이 현상을 분석하는 데 있어 인구증가라는 개념을 고려했다. 인구 증가로 인해 더 많은 곡물 재배가 필요하고 그에 따라 더 많은 사람이 새롭 게 토지를 경작해야 했기 때문이다.

이 토지는 이미 농사를 지은 토지에 비해 비옥하지도 생산적이지도 않으니 옥수수 가격은 상승할 거야.

가장 좋은 토지를 소유하고 있는 지주들이 이제 전보다 더 많은 돈을 벌게 될 것이다. 이는 곧 지주들의 더 많은 곡물 재배를 위한 자본투자로 연결될 거야.

곡물법 폐지

곡물 공급은 증가할 것이고 그것은 맬서스 말대로 더 큰 인구증가를 초래할 것이다. 임금은 이에 따른 결과로 나타나는 인플레이션과 보조를 맞추기 위해 상승할 것이다.

결국, 산업 이익은 감소하고 신규투자는 중단될 것이다. 그리고 경제는 성장이 없는 정체상태가 될 것이다. 노동자들은 명목상으로는 더 많은 돈을 벌 것이나 실질 임금은 기초생활 수준에 머물 것이다. 유일한 승자는 시장원리에 따른 기계적 영향 덕에 가만히 이익을 보는 지주들이다.

이 침체를 피할 방법은 단 하나밖에 없었는데 그것은 바로 곡물을 수입하는 것이었다. 곡물 수입은 지주들의 이익을 감소시킨다. 그래서 데이비드 리카도는 곡물법 폐지와 자유무역 도입을 지지했다.

비교우위

데이비드 리카도는 비교우위론을 통해 포르투갈과 영국이라는 2개의 국가가 와인과 의복이라는 2개의 상품을 거래하는 단순한 예를 들어 자유무역이 어떻게 경제성장을 촉진하는지를 보여주었다. 그는 만약 두 국가 모두 더 값싸게 제조할 수 있는 상품에만 집중하고 다른 상품은 수입한다면, 두 국가 모두에게 이익이 될 수 있음을 증명했다. 그렇기에 자유무역은 제로섬 게임 그 이상의 것이었다.

사실 어느 지점에서 부의 축적을 멈추어야 하는지 그 한계점을 아는 것은 어렵지.

데이비드 리카도의 단순화된 분석은 많은 변수들을 무시했다. 조지프 슘페터Joseph Schumpeter는 후에 '리카도 악덕'을 원하는 결과를 도출해주는 가정을 선택하는 관행이라고 정의했다.

그러나 비교우위는 경제학의 연역 논리를 위한 새로운 기준을 세웠으며, 칼 마르크스부터 현대 자유무역주의자들에 이르기까지 후세 사상가들에게 영감을 주었다.

존 스튜어트 밀

존 스튜어트 밀은 제임스 밀의 장남이었으며 제러미 벤담의 절친한 친구이기도 했다. 그는 조기교육을 받으며 자랐는데 3살에 그리스어를, 8살에 라틴어를, 그리고 13살에는 애덤 스미스와 데이비드 리카도를 공부했다.

그는 16살의 나이에 공리주의를 알게 되었고 그것은 그에게 있어 '신조, 원칙, 철학, 그리고 종교'였다. 20살에 그는 극심한 우울증을 앓다 회복되었으며 공리주의와 리카도 경제학을 새로운 방법으로 융합한 자신만의 정치경제 사상을 정립하였다. 그가 저술한 《정치경제학 원리Principle of Political Economy》1848는 그 당시 최고의 경제학 교과서가 되었다.

부를 퍼뜨려라

존 스튜어트 밀은 부의 창출이 농업에 이용되는 토지 면적처럼 상당 부분 물리적 제약과 법에 의해 견인된다고 주장했다. 이에 비해 부의 분배에 대해서는 좀 더 유연한 면모를 보였는데 사회법과 관습에 좌우된다고 주장했다.

현재의 분배는 "거의 노동에 반비례 한다." 다시 말해, 일하지 않는 자들이 가장 많은 부를 가지고 있다는 의미다.

그러므로 국가의 역할은 개개인의 자유를 지키는 공리를 극대화 하기 위해서 제도를 설계하고 공정하고 공평한 부의 분배를 예를 들어 상속세 또는 노동자를 위한 이익분배제도 등을 통해 지원하는 것이다.

인류의 발전

존 스튜어트 밀은 헌신적인 사회 개혁가였다. 그는 경제를 기계론적 경제 법칙의 수동적 결과물 이상으로 보았다. 맬서스와 리카도는 노동계층이 급여가 오르면 더 아이를 낳는 경향 때문에 어쩔 수 없이 기초생활이라는 늪에서 벗어나지 못할 것으로 생각했다. 반면 존 스튜어트 밀은 이들의 행동을 피임 교육과 핵가족의 이점을 알려줌으로써 변화시킬 수 있다고 믿었다.

《여성의 종속The Subjection of Women》1861년 탈고, 1869년 출간에서 밀은 이렇게 썼다.

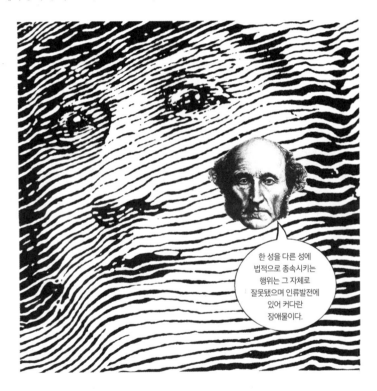

> 한 성을 다른 성에 법적으로 종속시키는 행위는 그 자체로 잘못됐으며 인류발전에 있어 커다란 장애물이다.

또한 그는 경제성장과 인구팽창이 환경 훼손을 초래했고 이는 그 자체로 비효용의 한 형태임을 깨달았다.

데이비드 리카도가 그랬듯이, 존 스튜어트 밀 또한 사회는 자본과 인구의 변화가 거의 없는 균제상태를 향해 발전해 간다고 믿었다. 그러나 존 스튜어트 밀은 이를 데이비드 리카도보다 더 긍정적으로 보았다. 밀은 이 같은 상태가 진보의 끝을 보여주는 것이 아니라 단지 다른 형태의 진보라고 생각했다.

아이러니하게도 존 스튜어트 밀은 몇몇 산업혁명의 부작용들이 선명해지고 있을 무렵 집필을 하고 있었다.

돈을 만들다

모든 빅토리아 여왕시대의 사람들이 혁신적 기술에 의한 변화, 도시과밀화, 석탄연소로 인한 오염, 혹독한 경쟁의 강조 내지는 1주당 공장 노동시간이 80시간 혹은 그 이상인 근무환경에 열광한 것은 아니었다.

부유한 독일 집안에서 태어나고 자라난 24살의 프리드리히 엥겔스Friedrich Engels, 1820~1895는 영국 멘체스터에서 노동자의 삶을 체험한 후《잉글랜드 노동계급의 상황The Condition of the Working Class in England》1844을 집필하였다. 그는 자신의 책에서 영국 자본주의를 격렬하게 비판한다.

83

칼 마르크스

독일 출신의 철학자이며 역사가이자 경제학자이기도 했던 칼 마르크스Karl Marx, 1818~83는 프리드리히 엥겔스의 친구였다. 그는 커져가는 사회적 불평등이 자본주의 고유의 특징이며 이로 인해 자본주의는 결국 몰락할 것이라고 믿었다.

애덤 스미스부터 존 스튜어트 밀에 이르기까지 고전학파 경제학자들은 경제가 독립된 개인들로 구성되며, 이들은 서로 경쟁하고 노동자, 지주, 자본가 계급으로 나뉜다고 보았다.

마르크스는 이를 두 명의 주인공인 노동자와 자본가로 단순화했다. 노동자는 노동력 외에 부가 전무하다. 반면 자본가는 자본투자로 수익을 얻는다.

마르크스 & 엥겔스의 《공산당 선언The Communist Manifesto》1848

잉여가치

고전학파 경제학자들은 노동을 가치 창출의 궁극적인 원천으로 보았으나 마르크스는 노동자들이 생산한 가치와 임금 사이의 갭이 있기 때문에 그 가치가 공평하게 분배되지 않는다고 주장했다. 또한 '잉여가치'는 자본가들이 노동자들로부터 착취한 수익을 상징한다고 마르크스는 말한다.

마르크스는《자본론Das Kapital》1권은 1867년에 출간 됐으며, 마르크스 사후 1885년과 1894년에 엥겔스에 의해 완성되었다에서 "자본가들과 노동계급 사이 힘의 불균형은 노동이 항상 착취될 수 있는 상품으로 취급된다."고 주장했다.

호황 혹은 불황

칼 마르크스는 최초로 경기순환에 대해 자세한 분석을 한 경제학자 가운데 한 명이었다. 그는 경기순환이 자본주의의 자본축적과 기계에 대한 투자로 대표되는 자본 집중의 결과물이라고 주장했다. 이런 과정은 곧 과잉생산을 초래하고 몇몇 기업들이 파산하는 경제위기로 이어질 것이라고 했다데이비드 리카도를 포함한 대부분의 고전학파 경제학자들은 기본적으로 수요가 무제한적이기 때문에 결코 공급과잉이 발생할 수 없다고 믿었다.

일단 가격과 생산량이 충분히 하락하면, 수요가 회복되고 경제가 다시 순환된다. 성장 중독은 자본주의 사회가 결코 존 스튜어트 밀이 말했던 균제상태에 만족할 수 없다는 것을 의미한다.

축적!
축적해라!

이것이
모세이며
예언가다!

* 《자본론》에서 발췌.

계급 반란

마르크스는 경기순환이 약 10년을 주기로 해서 나타난다고 추정했다. 그러나 경기순환은 단지 반복되는 더 거대한 역사를 이루는 하나의 구성 요소에 불과했다.

마르크스는 자본주의의 내재법칙이란 자본이 매 경기순환마다 갈수록 더 소수의 손에 집중되는 것을 의미한다고 믿었다. 산업 생산량은 증가하겠지만 그만큼 노동력 착취와 소외 또한 증가할 것이다. 사회적 유동성_{즉 신분 변동성}의 부재는 노동자와 자본가 사이의 격차가 커졌다는 것을 의미하는데 이 같은 격차는 결국 노동계급의 봉기를 낳게 된다.

늘 숫자가 증가하고, 훈련받았으며, 단결되었고, 자본주의적 생산 과정의 메커니즘 그 자체에 의해 조직화된 계급.

자본가의 사유재산의 죽음을 알리는 슬픈 종소리가 들린다. 수탈자들이 수탈당한다.

역사의 종말

헤겔Georg Hegel, 1770~1831은 자신의 변증법을 다음과 같이 소개했다. 서로 다른 사상의 충돌은 합 그리고 역사의 새로운 단계로 이어진다. 이와 같은 변증법적 접근 이후 마르크스는 자본주의가 역사 과정의 한 단계에 불과하다고 생각했다. 고대 그리스 로마와 같이 노예제를 기반으로 한 사회들이 봉건주의에 그 자리를 넘겨주었듯이, 봉건주의 또한 자본주의에 그 자리를 넘겨주었던 것과 마찬가지다. 자본주의에서 노동자들과 자본가들 사이의 긴장상태는 필연적으로 자본주의를 붕괴시키게 될 것이며, 계급이 없는 상태 즉, 완벽한 사회, 역사의 끝인 공산주의로 대체될 것이다.

다윈이 자연에서 진화의 법칙을 발견했듯이, 마르크스 또한 인류 역사에서 진화의 법칙을 발견했지.

*프리드리히 엥겔스, 마르크스의 장례식에서

혁명을 바란다고 말해!

레닌을 포함한 몇몇은 공산주의혁명이 제때 봉기하지 못한 원인이 일시적으로 착취할 수 있는 노동계급을 늘린 제국주의에 있다고 생각했다.

그러나 마르크스가 영국박물관 내 독서실에서 편안히 앉아 공산주의 혁명 팸플릿을 써내려가고 있었을 때 다른 형태의 혁명이 경제학 분야에서 진행 중이었다. 이 혁명은 공산주의 혁명보다 돈에 대한 사람들의 사고방식에 훨씬 더 커다란 영향을 주게 된다.

경제학은 점점 더 본보기로 삼았던 뉴턴의 물리학과 같이 전문화되고 과학적인 학문이 되고 있었다.

수요와 공급

프랑스의 수학자이자 경제학자였던 앙투안 오귀스탱 쿠르노Antoine Augustin Cournot, 1801~77는 수학적 관점에서 가격 메커니즘을 분석했다. 그는 최초로 수요 곡선을 생각해낸 사람이기도 하다.

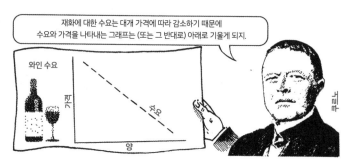

재화에 대한 수요는 대개 가격에 따라 감소하기 때문에
수요와 가격을 나타내는 그래프는 (또는 그 반대로) 아래로 기울게 되지.

와인 수요

가격

수요

양

쿠르노

이와 비슷하게 재화의 공급은 보통 가격이 상승하면 증가한다. 선들이 만나 교차하는 지점은 수요와 공급 사이의 균형을 나타낸다.

에딘버그 대학 공학 교수인 플리밍 젠킨Fleeming Jenkin, 1833~85은 자신의 소논문인 〈수요와 공급의 도표 표현On the Graphical Representation of Supply and Demand〉1870에서 수요와 공급의 관계를 실증했다.그래프의 몇몇 버전들이 여전히 경제학 개론 교재에 사용되고 있다. 공급과 수요라는 개념은 수세기 동안 논의만 되다가 이제는 비로소 공식을 이용하여 수학적 용어로 표현되고 있었다.

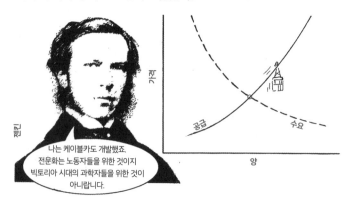

젠킨

가격

공급

수요

양

나는 케이블카도 개발했죠.
전문화는 노동자들을 위한 것이지
빅토리아 시대의 과학자들을 위한 것이
아니랍니다.

진짜 과학

영국의 경제학자이자 다방면에 박식했던 윌리엄 스탠리 제번스William Stanley Jevons, 1835~82는 경제학을 더욱 더 수식화했다. 제번스는 《국부론》 같은 저서들을 읽던 중 계속해서 양과 수치 따위가 언급되는 것을 보고 흥미를 느꼈다. 그는 경제학의 수식화가 경제학 사상을 더 정교한 수학적 언어로 전환하는데 있어 작은 첫 발걸음이 될 것이라고 주장했다.

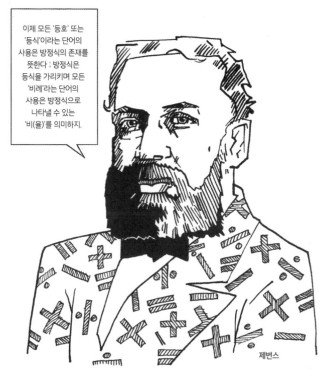

이제 모든 '등호' 또는 '등식'이라는 단어의 사용은 방정식의 존재를 뜻한다 ; 방정식은 등식을 가리키며 모든 '비례'라는 단어의 사용은 방정식으로 나타낼 수 있는 '비(율)'를 의미하지.

제번스

제번스는 만약 경제학이 정말로 과학적 학문이 되고자 한다면 단지 비유 따위만 논해서는 안 되며 체계적인 특징을 가진 여타 과학적 학문들처럼 수학적 방정식으로 추론해야 한다고 믿었다.

한계효용

제번스는 공리주의자였으며 경제적 교환의 목적이 개인의 효용 극대화, 더 자세히 말하자면 한계효용의 극대화에 있다고 믿었다. 한계효용은 소비되거나 생산된 단위의 마지막 효용이며 수확체감의 법칙이 적용된다.

　예를 들면, 노동자가 마지막 한 시간의 노동에서 느낀 고통비효용이 그 자신의 시급에서 얻을 수 있는 쾌락효용과 동등해질 때까지 계속 일한다는 것이다.

합리적 경제학

효용의 극대화를 가정함으로써 교환을 통제하는 수학 방정식을 구축할 수 있다. 예를 들어, 제번스는 두 상품의 가격 비율은 두 상품의 한계효용비율과 같다는 것을 입증했다.

제번스는 이 같은 미적분에 기반을 둔 방정식들이 물리학으로 따지면 뉴턴의 고전역학에 해당한다고 보았다:

물론, 효용은 직접적으로 측정할 수 없다. 하지만 제번스가 지적했듯이 물리학을 포함한 다른 분야 역시 같은 문제를 가지고 있었다.

중력은 주어진 시간 내에 어떤 물체 안에서 중력이 생성시키는 속도로만 측정할 수 있어.

같은 방식으로 쾌락 또한 금융거래를 관찰함으로써 간접적으로 측정할 수 있어.

사실 경제학은 여타 학문들에 비해 시장에서 풍부한 양의 데이터를 구할 수 있다는 이점이 있다: "(경제학은) 감정의 균등 또는 불균등을 인간의 심적 결정을 통해 추정할 수도 있다…그리고 그 변동은 시장의 가격표에 상세히 기록된다."

특정 상품의 효용을 측정하거나 계산하는 데 있어 또 다른 문제가 되는 것은 사람마다 효용이 다르다는 점이었다. 또한 가격 데이터도 대규모 집단의 총 거래만 이용할 수 있었다. 제번스는 이 문제를 벨기에 출신 과학자인 아돌프 케틀레Adolphe Quetelet, 1796~1874가 창안한 개념인 '평균인'으로 분석할 경우 경제 를 이해할 수 있다고 주장함으로써 해결했다.

이상적인 시장

마찰력 같은 요소가 미치는 영향이 무시되는 이론을 연구하는 물리학자처럼 제번스는 정보가 공짜로 제공되며 시장 참가자들이 완전히 자유롭게 경쟁하는 이상적인 시장만 분석했다.

또한 제번스는 경쟁시장이 가격을 균형상태로 이끈다고 주장했다. 그는 가격 매커니즘을 진자운동에 비유하면서 수요와 공급이 이상적 균형을 이룰 때 진자운동이 멈춘다고 주장했다.

이 같은 수학적 접근은 상품의 가치가 이를 제조하거나 획득하는 데 소비된 노동량을 반영한다고 주장한 고전파 경제학의 노동가치론과 대조적이었으며 마르크스의 노동 착취 주장을 완화시켜주었다.

공급

수요

가치는 오롯이
효용에 달렸어.

레옹 발라스

제번스는 상품 한 개의 가격 같은 간단한 경우에만 초점을 맞추었다. 하지만 쿠르노가 말했듯 경제 시스템은 그 모든 부분들이 서로 연결되어 있다. 예를 들어, 밀의 가격은 빵의 가격에 영향을 주고 빵의 가격은 생활비에 영향을 주며, 다시 생활비는 다른 상품들의 가격에 영향을 준다.

프랑스의 경제학자인 레옹 발라스(Léon Walras, 1834~1910)는 한번 시도해보기로 했으며 여러 상품들이 있는 시장을 시뮬레이션할 방법을 생각해냈다.

순수경제학

《순수경제학요론Elements of Pure Economics》1874에서 발라스는 구매자와 판매자가 다양한 물건을 거래하며, 생산자가 자신들의 자원에 대한 이익 극대화를 위해 하나의 제품에서 다른 제품의 생산을 위해 사용할 수 있는 시장을 가정하고 분석했다.

결과는 동시에 충족되어야 하는 일련의 방정식들로 구성된 복잡한 수학 모델이었다.

$$\Omega_b = F_b\,(p'_f,\, p'_p,\, p'_k\, ...,\, \pi_b,\, \pi_c,\, \pi_d\, ...),$$
$$\Omega_c = F_c\,(p'_f,\, p'_p,\, p'_k\, ...,\, \pi_b,\, \pi_c,\, \pi_d\, ...),$$
$$\Omega_d = F_d\,(p'_f,\, p'_p,\, p'_k\, ...,\, \pi_b,\, \pi_c,\, \pi_d\, ...),\, ...$$
$$\Omega_b = F_b\,(p'_f,\, p'_p,\, p'_k\, ...,\, p'_b,\, \pi_c,\, \pi_d\, ...),$$
$$\Omega_c = F_c\,(p'_f,\, p'_p,\, p'_k\, ...,\, \pi_b,\, p'_c,\, \pi_d\, ...),$$
$$\Omega_d = F_d\,(p'_f,\, p'_p,\, p'_k\, ...,\, \pi_b,\, \pi_c,\, p'_d\, ...),\, ...$$
$$p'_a = a_i\,p'_i + a_p\,p'_p + a_k\,p'_k + ...,$$
$$p'_b = b_i\,p'_i + ... + b_k\,p'_k + ...,$$
$$p'_c = c_i\,p'_i + ... + c_i\,p'_i + ...,\, ...$$

나 스스로는 이 방정식들을 풀 수 없어. 하지만 방정식과 미지수의 숫자를 셈함으로써 정답이 존재함을 보여줄 수는 있지.

또한 그는 증명되지는 않았지만 이 복잡한 수학모델의 정답이 고정되어야 한다고 주장했다.

더듬는 손

애덤 미스가 시장을 보이지 않는 손이라는 측면에서 본 반면, 발라스는 모색 과정으로 생각했다. 발라스는 구매자와 판매자 사이에서 중개하는 경매인을 가정했다. 경매인은 시초 가격을 부르며 시작한 후 구매자와 판매자가 서로 가격에 합의할 때까지 가격을 조정한다. 즉 경매인은 구매자와 판매자가 합의한 가격에 이르기까지 알맞은 가격을 모색하는 것이다.

이 과정의 마지막 단계는 수요와 공급이 완벽하게 균형을 이루는 점, 그리고 가격이 안정적인 균형상태인 지점이다.

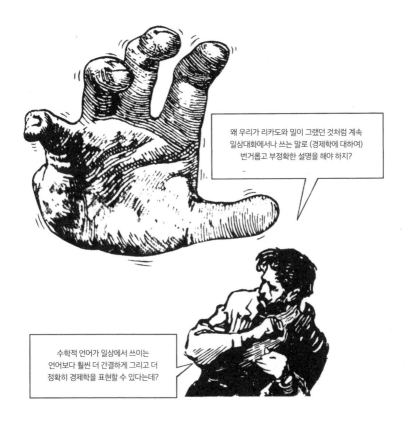

왜 우리가 리카도와 밀이 그랬던 것처럼 계속 일상대화에서나 쓰는 말로 (경제학에 대하여) 번거롭고 부정확한 설명을 해야 하지?

수학적 언어가 일상에서 쓰이는 언어보다 훨씬 더 간결하게 그리고 더 정확히 경제학을 표현할 수 있다는데?

빌프레도 파레토

발라스가 스위스 로잔 대학교 교수직에서 은퇴하자 그의 제자인 이탈리아 출신의 경제학자이자 사회학자인 빌프레도 파레토Vilfredo Pareto, 1848~1923가 그의 뒤를 이었다.

파레토는《정치경제학 매뉴얼Manual of Political Economy》1906에서 발라스 균형을 정교하게 서술하면서 수학적 기반을 확장시켜주었다. 또한 그는 '파레토 최적Preto optimality, 누군가의 상태를 개선시키는 변화는 어떤 것이 되었든 누군가의 부를 감소시킨다는 개념'을 내놓았다.

80대 20 법칙

파레토는 오늘날 그의 경험적 발견, 소위 파레토 법칙으로 알려져 있는 80대 20 법칙으로 더 유명하다. 파레토는 그가 정보를 얻을 수 있는 몇몇 국가와 지역에서 20%의 사람들이 약 80%의 부를 소유하고 있다는 사실을 발견했다. 그뿐만 아니라 부는 멱법칙 혹은 무척도 분포 같은 특정한 분포를 따른다고 했다.

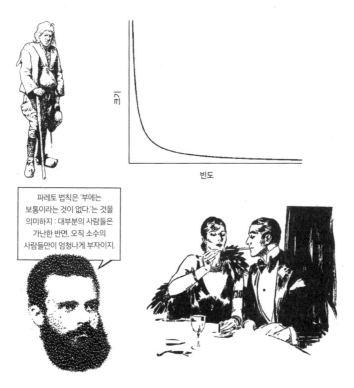

많은 자연적인 현상들이 비슷하게 분포된다. 예를 들어, 만약 누군가가 지진을 본래 크기보다 2배 더 크게 일어나게 한다면 이와 같은 규모의 지진이 일어나는 것이 4배는 더 어려워진다. 수학적으로 말하자면, 지진 빈도는 그 크기의 제곱 또는 크기의 2승에 따라 달라진다는 의미다즉 멱법칙을 의미한다.

신고전파 경제학

프랜시스 에지워스Francis Edgeworth, 1845~1926는 제번스, 발라스, 그리고 파레토 등 다른 경제학자들과 함께 오늘날 신고전파 경제학의 토대를 쌓았다. 신고전 파 경제학은 여전히 세계 각지에서 교육되고 있는 정통적 핵심 이론이며, 경 제학과 물리학 사이의 분명한 비교가 된다. 예를 들어, 효용은 물리학 개념인 에너지와 동일화한 것이다.

신고전파 경제학자들의 이론은 에지워스가 《수리심리학Mathematical Psychics》 1881에서 말했듯이 개인의 행동이 "쾌락의 최대치를 실현시키는 것, 즉 우주 의 신실한 사랑"을 향한다고 가정했다. 이들은 자신들의 이론에 호모 이코노 미쿠스Homo economicus, 합리적이며 경제적 인간을 의미한다라는 개념 또한 포함시켰다.

합리적 경제인

신고전파 경제학자들이 사용한 수학 모델들은 모두 단순화된 시장에 대한 가정, 완전경쟁 그리고 생산자와 소비자의 행동 등에 의존한다. 수요와 공급의 법칙은 사람들이 특정 상품에 대해 고정된 선호를 가질 것을 요구하지만 이는 시간이 흐름에 따라 변화한다그렇지 않다면 가격이 균형에 이를 수 없을 것이다. 또한 신고전파 경제학은 사람들이 모두 관련 정보를 이용할 수 있으며 자신들의 효용극대화를 위해 합리적으로 행동할 것이라고 가정했다.

이로써 호모 이코노미쿠스가 태어났어 : 자신이 무엇을 원하는지 분명히 알고, 그것을 획득하기 위해 합리적으로 행동하는 존재지.

경제학에서 첫 번째 대전제는 모든 사람은 사익 추구를 위해서만 행동한다는 것이지.

정지 상태 vs. 시동 상태

신고전파 경제학의 또 다른 중요한 가정은 경제가 변화가 없는 균형상태를 향해 나아간다는 것이었다. 이 같은 가정은 다른 가정들과 마찬가지로 부분적으로는 그렇게 가정함으로써 계산을 용이하게 만들 수 있었기 때문이었다. 제번스가 언급했듯:

추가 멈출 지점을 고르는 것이 추가 그 지점을 벗어나서 움직이는 속도를 계산하는 것보다 더 쉽지.

경제에도 추의 예시가 똑같이 적용된다. 그러나 경제가 효용을 극대화하는 것처럼 보이기 위해서는 안정성을 가정할 필요가 있다. 왜냐하면 만약 경제가 지속적인 변화의 흐름 속에 있는 상태라면 때때로 경제는 그 어느 때보다 최적이어야만 하기 때문이다.

피타고라스

경제는 우주 그 자체처럼 합리적이고 질서정연하다.

태양의 흑점

근본적인 균형의 유무는 무작위 변화 또는 경기순환 같은 장기 효과의 존재를 인정하는 데 일조했다. 제번스는 태양의 흑점이 경기순환을 일으킨다는 이론을 주장하기도 했다.

안타깝게도 제번스는 평균적인 경기순환 주기가 10.5년이라고 보았지만, 흑점 순환주기와 정확하게 일치하지는 않았다. 이 때문에 제번스는 천문학자들과 오랜 기간 태양관찰의 정확성을 놓고 논쟁을 벌였다.

전문 분야

19세기 말 무렵 경제학자들은 경제학을 정치철학의 하위 분야에서 학술지와 대학에 학과가 있는 전문 분야로 독립시키는 데 성공했다. 전미경제학회는 1885년에 설립됐으며 런던 경제학교는 1895년에 개교했다.

 신고전파 경제학적 관점에서 기계적인 세계는 합리적이고 별개로 독립된 것이다. 한편 개인들이 불활성입자처럼 일정한 규칙에 따라 상호작용하는 것과 비례해서 경제학 또한 그 어느 때보다 수학이 접목되고 있었다. 그들은 수학 교육을 받지 못한 이들이 경제학 분야에서 제외되기 시작하고 있었다는 것을 자각했다.

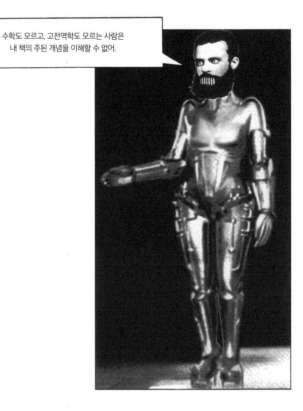

알프레드 마샬

수학자에서 경제학자가 된 알프레드 마샬Alfred Marshall, 1842~1924은 신고전 경제학의 이론들을 더욱 발전시켰다. 그의 《경제학 원리Principles of Economics》1890는 1950년대까지 경제학 교과서로 널리 사용되었다. 알프레드 마샬은 이 책을 통해 수요와 공급, 한계 효용 등과 같은 개념들을 대중화시켰고, 가격탄력성의 의미를 처음 소개하였다.

어떤 시장에서 수요의 가격탄력성(또는 가격반응도)은
주어진 가격하락에 따라 수요량이 얼마나 크게 혹은 조금 증가하는지 그리고
주어진 가격상승에 따라 수요가 많이 혹은 조금 감소하느냐를 나타내는 것이야.

미적분을 기반으로 하는 방정식들이 작동하는 이유는
자연은 비약하지 않기 때문이야.

수학적인 면에서 탄력성은 수요
곡선의 기울기와 반비례한다.

107

수학을 지우다

마샬은 책에서 수학을 활용했지만 말로 개념을 설명하는 것 또한 중요하다
고 주장했다. 마샬은 자신의 방법을 다음과 같이 설명했다:

1. 수학은 물음을 던지는 수단이 아닌 속기의 언어로만 쓸 것.
2. [속기는] 끝날 때까지 사용하고 지우지 말 것
3. 영어로 번역할 것
4. 그후 실생활에서 중요하다 싶은 사례들을 이용해서 설명할 것
5. 수학적 요소를 지울 것
6. 4번에서 실패할 시 3번을 지울 것. 난 3번을 자주 지운다.

카를 멩거

비엔나 대학의 카를 멩거Carl Menger, 1840~1921에 의해 한 갈래의 한계효용이론이 발전되었다. 그는 발라스와 제번스의 '효용은 수확체감의 법칙에 좌우된다즉, 처음 먹는 사과가 마지막에 먹는 사과보다 더 가치 있다는 것.'는 생각에 동의했다. 하지만 멩거는 상품의 효용을 기쁨이 아닌 개개인의 서로 다른 욕구를 측정한 것으로 보았다.

교역이 유익한 이유는 사람들이 소유하고 있는 상품으로 그보다 더 필요한 물건을 교환하기 때문이다.

그러므로 중개인들은 경제에 있어서 매우 생산적인 존재다. 왜냐하면 이들은 거래에서 서로 이득을 볼 수 있는 구매자와 판매자를 연결할 수 있기 때문이다.'

주관적 가치

멩거는 오직 개인들만 행동할 수 있고 의사결정할 수 있기 때문에 경제학은 집단이나 군중이 아닌 개인들의 행동에 초점을 맞추어야 한다고 믿었다. 멩거의 '주관적 가치이론'이 끼친 영향은 첫째, 정부가 아닌 개인들이 자신들에게 무엇이 좋은지 가장 잘 판단할 수 있다는 것과 둘째, 경제 이론은 사람이 불활성 객체가 아니기 때문에 물리학 이론처럼 검증할 수 없다는 것이다.

좀 더 자세히 말하자면, 개인들의 행동을 바꾸지 않는 이상 사람을 대상으로 통제된 과학적 실험을 하는 것은 불가능하다.

경제 원리는 실험이 아닌 연역적 접근을 활용해 발전되어야 하지.

저절로 드러나는 손

멩거는 경제를 진화론적 관점에서 보았다. 그는 사유 재산제와 통화제도 같은 제도들이 의도적으로 만들거나 계획된 것이 아니고 인간이 필요한 바를 해결하기 위해서 자생적으로 발생했다고 주장했다.

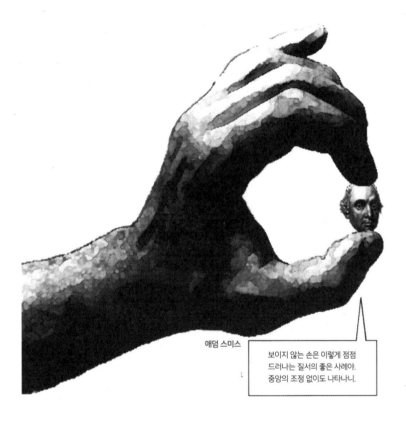

애덤 스미스

보이지 않는 손은 이렇게 점점
드러나는 질서의 좋은 사례야.
중앙의 조정 없이도 나타나니.

멩거의 사상은 그를 중심으로 형성된 오스트리아 학파에 큰 영향을 주었다. 그의 추종자들로는 조지프 슘페터 그리고 프리드리히 폰 하이에크 등이 있으며 이들은 자생적 질서 이론을 더욱 발전시켰다.

존 베이츠 클라크

한계효용이론은 미국 경제학계에도 뿌리를 내리게 되었다. 클라크John Bates Clark, 1847~1938는 자신의 책《부의 분배The Distribution of Wealth》1899에서 한계생산성 이론을 발전시켰는데, 노동을 통해 획득한 임금과 자본으로 획득한 이윤은 산출물의 한계수익에 동등하게 작용한다고 주장했다.

사회에 대한 수입의 분배는 자연법에 의해 규제된다. 그리고 만약 자연법이 알력 없이 작동한다면, 모든 생산 주체들에게 자신들이 생산한 만큼의 부를 제공할 것이다. 좀 더 쉽게 표현하면, 경쟁사회에서 모든 경제 주체들은 뿌린 대로 거두게 된다는 의미다.

그러므로 자본주의 체제는 부의 분배를 위한 최선의 방법인 것이다. 클라크의 이 같은 친자본주의 성향은 일정 부분 그의 공산주의 혐오에서 비롯되었다. 그는 미국 내 공산주의 추종자들을 가리켜 '쓸모없으며 범죄자의 기질을 지닌 자들'이라고 폄훼했다. 클라크는 한계주의 학파의 장기 안정성에 대한 강조를 설명하기 위해 해양을 비유로 사용했다.

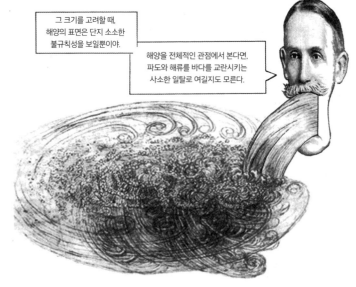

그 크기를 고려할 때, 해양의 표면은 단지 소소한 불규칙성을 보일뿐이야.

해양을 전체적인 관점에서 본다면, 파도와 해류를 바다를 교란시키는 사소한 일탈로 여길지도 모른다.

규모의 경제

신고전주의가 그린 안정시장은 모두 서로 직접적으로 경쟁하는 수많은 작은 기업들로 구성되어 있었기에, 수학적으로는 다루기 쉬웠을지는 몰라도 19세기에서 20세기로 넘어가는 상황과는 잘 들어맞지 않았다. 아메리칸 넬레폰과 텔레그라프, 하인즈, 캠벨 수프, 퀘이커 오츠, 프록터&갬블, 이스트맨 코닥 그리고 웨스팅하우스 등과 같은 대기업들은 모두 그들의 영역을 확장하기 위해 규모의 경제를 최대한 활용했다.

수확체감의 법칙 대신 최대최속의 법칙이 자리 잡은 것이다. 독과점과 카르텔은 만성적인 문제였으며 철도회사들은 물자의 분배를 제멋대로 조종하고 운임 비용을 인상했다.

과시적 소비

이 당시 미국경제는 존 록펠러석유, 존 피어폰트 모건금융, 그리고 앤드류 카네기철강 등의 거물들과 유한계급에 의해 지배되었다. 유한계급은 자신들 계급을 경제학자인 소스타인 베블런Thorstein Bunde Veblen, 1857~1929이 '과시적 소비'라 부른 사치 행위를 통해 확고히 했다. 그는 또한 사치품 가격이 높아지면 높아질수록 더 매력적이게 되는 현상을 발견했다. 이는 신고전 경제학파의 우하향 수요곡선의 가정과도 모순되었다.

베블런은 존 베이츠 클라크의 학생이기도 했으나 한계주의 이론 대신 경제를 인류학적 관점에서 보는 제도주의를 지지하였다. 제도주의는 경제에 있어서 사회적 규범과 제도의 역할을 강조했다. 그는 인류학자가 아마존 부족의 족장을 연구하듯 부자들을 분석했다.

유한계급

베블런은 인습타파주의자였으며 한 직장에서 오랫동안 일하지는 못했다일하는 대학교를 여러 번 옮겨 다녔다. 그는 부자와 전통적 경제이론을 신랄하게 비판하는 글을 썼다. 또한 그는 《유한계급론Theory of the Leisure Class》1899에서 공리주의자, 호모 이코노미쿠스를 풍자했다.

베블런의 후계자로는 캐나다 출신의 존 케네스 갤브레이스 John Kenneth Galbraith, 1908-2006가 있는데 그의 책들은 경제적 의사 결정의 문화적 맥락에서 사람들의 관심을 끌었다. '광고가 어떻게 소비자 선호도를 변화시키는가?' 따위가 대표적이다.

어빙 피셔

수리 경제학자였던 어빙 피셔Irving Fisher, 1867~1947는 경제를 더 딱딱하고 고전적인 방식으로 분석했다. 그는 예일 대학에서 최초로 경제학 박사학위를 취득했으며 수많은 현대 경제학의 주요 이론들을 발전시키고 대중화했다. 예를 들어, 피셔의 방정식은 인플레이션을 고려해 어떻게 실질 이자율기호로는 'r'이다을 계산하는지를 보여준다.

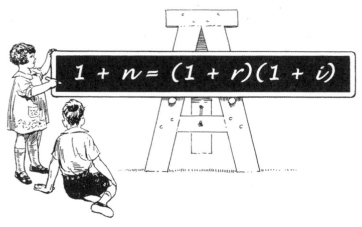

$$1 + n = (1 + r)(1 + i)$$

첫 번째 근사치는 r=n-i 이며 여기서 n 은 명목금리이고 i는 인플레이션율이다.

그러므로 만약 명목 금리가 6%(n=0.060)이지만 예상되는 인플레이션율이 4%(i=0.04)이면 실질금리는 고작 2% (r=0.02)가 되지.

피셔

화폐수량설

피셔는 자신이 고안해낸 피셔의 방정식MV=PT을 기반으로 화폐수량설을 발전 시켰다. 위 방정식에서 M은 현재 유통되고 있는 화폐의 양을, V는 화폐가 순 환되는 평균치=속도를, 그리고 P와 T는 각각 평균 거래가격과 총거래량을 의 미한다. 더불어 M화폐수량과 V화폐의 유통속도의 곱이 P물가수준와 T거래액의 곱과 같다 는 것을 알 수 있다.

방정식의 좌측MV은 경제 내부의 화폐의 순환을 나타낸다. 10달러짜리 지폐 가 주인이 1년에 4번 바뀐다면 이는 총 거래량 $40이라는 것을 뜻한다. 방정 식의 나머지 부분PT은 국가 내부의 평균 거래가와 총거래량을 합계한 것으로 오늘날 국내총생산GDP이라 불리는 것과 맞먹는 수치가 나온다.

즉 방정식이 말하는 바는 다음과 같다:
국내 총생산(GDP) = 통화량 × 화폐유통속도

MV=PT의 관계는 본질적으로 재무제표와 같은데 윌리엄 페티를 비롯한 여타 경제학자들도 주목했었고, 피셔 자신도 이를 방정식에 응용했다. 피셔는 V와 T는 화폐의 공급에 따라 고정되므로 만약 화폐의 공급이 5% 증가했다면 가격 또한 5% 상승할 것이라고 주장했다.

피셔의 방정식은 통화주의의 근간이 되었는데 통화주의의 대표적인 주창자는 밀턴 프리드먼이었다.

폭락

피셔는 당대 최고의 경제학자였다. 그는 식이요법 같은 건강 관련 주제뿐만 아니라 폭넓은 분야에 대한 강의와 집필로 큰 부자가 되었다. 그러나 그의 부와 명성은 1929년에 발생한 주식시장의 대폭락으로 인해 크게 손상됐다.

이후 피셔는 대공황이 디플레이션 때문에 앞당겨졌다고 주장했다. 디플레이션이 빚의 상환을 어렵게 만들었다는 것이다. 그러나 그즈음 사람들은 이미 다른 경제학자의 식견을 쫓았는데 그게 바로 존 메이너드 케인스였다.

존 메이너드 케인스

미국에서 촉발된 대공황은 미국이 주요 선진국들이 미국에게 진 부채를 회수하면서 도미노처럼 퍼져나갔다. 1933년 여러 국가의 실업률이 25%에 달했는데 이로 인한 사회적 불안감은 나치당의 집권에 큰 역할을 하게 된다.

존 메이너드 케인스John Maynard Keynes, 1883~1946는 제1차 세계대전 당시 영국 정부를 위해 일했으며 베르사유 강화회의에서 영국을 대표하기도 했다.

1933년 케인스는《번영에의 길The Means to Prosperity》을 출간했는데, 이 책에서 경기역행적 정부지출경기순환이 침체 국면일때 경제를 되살리기 위한 지출을 말함, 예:뉴딜정책으로 인한 댐건설로 실업률을 줄일 수 있다고 주장했다. 이런 주장은 그의 걸작인《고용, 이자 및 화폐의 일반 이론The General Theory of Employment, Interest and Money》1936에도 잘 드러나 있다.

절약의 역설

고전적인 실업 대책은 노동수요가 공급을 따라잡을 때까지 임금을 인하하고 조세수입 감소에 대응하기 위해 지출을 줄이는 것이었다. 케인스는 이런 정책들이 잘못된 것이라고 믿었다.

경제는 저수요 고실업의 자기강화 균형상태의 함정에 빠질 수 있다. 이 때 사람들은 애덤 스미스의 가정과 달리 여유 현금을 소비하거나 투자하는 대신 저축하려고 한다. 화폐수량설 관점에서 보면, 화폐의 유통속도가 느려지는 것이다.

승수효과

그 결과 미국 정부는 직접적으로 개입해야만 했는데 여기에는 철도건설과 같은 공공사업에 대한 지출이 포함되었다. 케인스는 이런 종류의 공공 지출 또한 승수효과에 힘입었다고 주장했다.

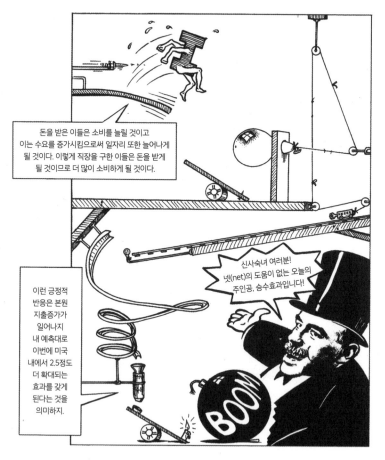

경기가 침체된 상태라면 화폐 공급 증가 같은 통화정책은 사람들이 소비 대신 저축을 하기 때문에 덜 효과적이다.

자신이 수학자였음에도 불구하고 케인스는 수학 모델의 한계 그리고 경제발전에 있어 심리적 요인의 중요성을 잘 알고 있었다.

무엇인가를 긍정적이 되도록 하는 우리 의사결정들의 대부분은 아마도 야성적 충동의 결과물이라고 생각해야 해.

케인스에 따르면, 경기가 침체되었을 경우 정부는 지출을 늘려야 한다. 이는 우선순위가 재무상태표를 회복시키는 것이 되어야 한다는 전통적 관점과 분명하게 상충된 것이다. 경기가 침체 국면인 경우, 전통적 관점의 대응은 개개인 수준에서는 타당할 수도 있으나 국가 전체와 같은 거시적 수준에서는 타당하지 않기 때문이다.

장기계획

케인즈 경제학은 익히 알려진 존 베이츠 클라크의 안정적인 대양의 비유에서 요약된 것처럼, 침체는 단지 사소하고 일시적인 일탈이다. 그러므로 경제학자는 경제의 장기균형에 대해 관심을 가져야 한다는 신고전파 경제학자들의 주장에 대해서도 반박했다.

그는 경기 침체기에는 능동적으로 경제가 관리함으로써 고용, 소비 그리고 투자 간의 적절한 관계가 유지될 수 있어야 한다고 주장했다이 같은 개입은 경제가 다시 제대로 돌아가면 줄일수 있다.

'장기적 계획' 같은 말은 현안에 대한 오해를 부른다. 왜냐하면 장기적으로 우리 모두 언젠가는 죽기 때문이야.

경제학자들은 너무 쉽게 사는 것 같다. 격동의 시기에 하는 일이 고작 '폭풍우가 지나가면 대양은 다시 잠잠해질 것이다'와 같은 말만 하는 것뿐이라면 참으로 쓸모없지 않은가?'

뉴딜 정책

처음 알려졌을 때 논란을 불러 일으킨 케인즈의 사상들은 얼마 지나자 않아 미국에 영향을 줬다. 최소한 루스벨트 대통령이 경기침체의 해결책으로 꺼내 든 뉴딜 정책을 정당화하는 데에는 도움이 됐던 것이 확실하다.

하지만 실제로 미국 경제를 침체에서 회복시킨 것은 제2차 세계대전이었지.

경제학자들 또한 미국의 승리를 위해서 중요한 역할을 수행했는데, 국민소득 지표를 이용해 인플레이션을 제어하면서 군수품 조달을 크게 확장했던 계획이 바로 그것이었다. 이 같은 미국 내 전쟁승리를 위한 계획은 시몬 쿠즈네츠Simon Kuznets, 1901~85가 주도했다.

새로운 세계질서

1944년 뉴헴프셔 주의 브레튼 우즈에서 개최된 브레튼 우즈 회담에서 IMF^국제통화기금와 세계은행이 창설되었고 금본위제도 시행되었다. 주요 통화를 환전할 때의 환율이 금의 가격에 고정되었다.

IMF와 세계은행의 설립에는 케인스의 공로가 컸다. 이 두 기관은 제2차 세계대전 이후 출현한 비교적 안정적인 경제질서를 확립하고 유지하는 데 중요한 역할을 담당했다. 한편 위 두 기관은 주로 전쟁 중 교육받은 경제학자들과 통계학자들로 구성되어 있었다.

경기순환

케인스의 이론은 제2차 세계대전 이후 학계를 지배했다. 그의 경기 호황과 불황에 대한 해석, 혹은 어떻게 호황과 불황을 다루어야 하는지 등만이 경제에 접목되었던 것은 아니었다.

앞에서 언급된 것처럼 마르크스는 경기순환론을 주장했으며 대략 10년마다 경기순환이 발생한다고 했다. 윌리엄 스탠리 제번스는 태양흑점이 경기순환을 일으킨다고 믿었다.

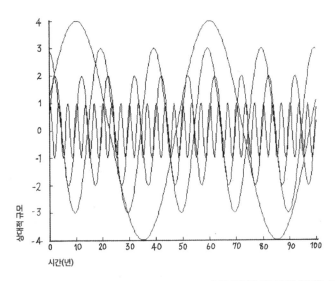

위의 그래프는 서로 겹치는 여러 경기순환을 나타낸다. 다른 순환들과 일치시키기 위해 다른 기간을 갖고 있는 중첩사인파를 이용해 만들었다. 그래프의 파동들은 40개월, 10년, 20년, 그리고 50년 간의 경기순환에 해당한다. 다음 페이지에 있는 그래프는 이 모든 파동들의 총합이다.

프랑스의 경제학자 클레멘트 주글라Clément Juglar, 1819-1905는 8~11년의 투자 주기가 존재한다고 주장했다. 조지프 키친Joseph Kitchin, 1861~1932은 기업이 재고를 확보하는 데 소요되는 시간에 부합하는 약 40개월이라는 더 짧은 투자주기가 있음을 확인했다.

슈퍼 사이클

일부 경제학자들은 데이터에서 좀더 긴 경기순환을 볼 수 있다고 생각했다. 쿠즈네츠의 사회 기반 시설 투자주기는 15년에서 25년 사이이며, 콘드라티예프 파동은 경제 호황과 침체의 역사적 패턴과 일치하며 약 45~60년의 주기를 갖는다.

오스트리아 학파 경제학자인 조지프 슘페터Joseph Schumpeter, 1883~1950 는 1933년 출간된 그의《경기순환론Business Cycles》에서 경제 변동은 여타 다른 파동들을 모두 합친 것과도 같다고 말했다.

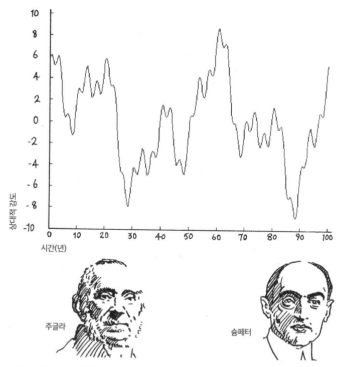

주글라   슘페터

그래프 상의 곡선이 만일 1930~31년에 걸친 기간과 같이 하락한다면, 그 결과는 재앙적인 폭락이 될 수 있다.오늘날 대부분의 경제학자들은 주기적인 순환이 통계적 환상에 불과하다고 말한 어빙 피셔의 주장을 정설로 받아들이고 있다.

창조적인 파괴

신고전파 경제학자들과 마찬가지로 슘페터는 이 파동들이 발라스 균형에 변화를 준다고 보았다. 슘페터는 발라스를 "가장 위대한 경제학자"라고 표현했으며 그의 경제 체계는 "경제학의 대헌법"이라고 극찬했다.

슘페터는 균형이 이뤄진 상태에서 경쟁은 수익을 바닥까지 떨어지게 할 것이고 그에 따라 투자도 감소하게 될 것이라고 주장했다. 이때 균형을 흔드는 주체 그리고 수익창출과 경기순환의 발전단계를 이끄는 주체가 바로 기업가 사람들의 눈을 번쩍 뜨게 하는 혁신적인 사업 아이디어를 생각해내는 재능 있는 사람이다.

그렇기에 경기순환은 경제의 커다란 내적 혹은 내생적 특징이며 맹거가 말한 자생적 질서의 한 예이다.

하이에크와 계산 불가

프리드리히 폰 하이에크Friedrich von Hayek, 1899~1902는 런던 정경대학교와 시카고 대학 교수로 재직했다. 그는 슘페터나 케인스와는 다르게 경기순환은 내생적 특징이 아니며 자연 이자율과 실제 이자율 사이의 부조화 때문에 발생한다고 주장했다.

정부가 인위적으로 이자율을 낮출 경우 경기 호황을 유지하는 데에는 도움이 될 수 있겠지만, 궁극적으로는 더 심각한 불황을 초래하게 될 것이라고 믿었다. 가장 큰 문제는 경제를 예측하기가 너무 복잡하다는 데 있었다.

하이에크는 살아 있는 동안 케인스에 비해 영향력이 덜했지만, 그의 책은 밀턴 프리드먼을 위시한 여타 경제학자들에게 지속적인 영향을 주었다. 그는 이후 마가렛 대처를 포함한 다른 정치인들에게도 영감을 주었다. 여담으로 영국 수상 대처가 한번은 보수당 회의에서 하이에크의 《자유헌정론The Constitution of Liberty》1960 을 들어 올리며 다음과 같이 공표했다.

한편 다른 경제학자들은 케인스의 이론들을 수학적으로 주류 신고전주의적 분석과 조화를 이루도록 만드는 방법을 찾고 있었다. 그들이 노력한 결과가 바로 신고전파 종합이론이었다

신고전파 종합이론

신고전파 종합이론의 핵심 요소는 IS-LM 모형이다. IS-LM 모형은 영국의 경제학자 존 힉스John Hicks, 1904~1989를 비롯한 몇몇 학자들로부터 비롯되었으며 케인스 경제학을 하나의 그래프에 담아내고자 했다. 아래 그래프는 수요와 공급을 나타내는 그래프와 유사하다(90쪽 참조). 가격 대 양 대신 이자율 대 산출물GD의 관계를 보여준다는 점이 다를 뿐이다.

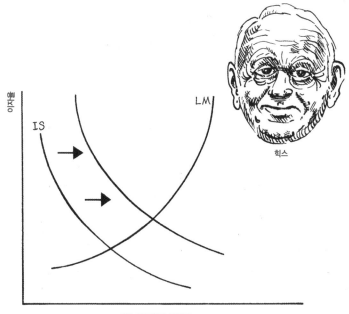

힉스

LM 곡선유동성&화폐공급은 화폐시장의 균형점들을 보여주는 반면 IS 곡선은 투자와 저축의 균형점들을 보여준다. 두 곡선의 교차는 경제가 안정적으로 균형상태인 것을 의미한다. 정부지출의 증가는 IS 곡선을 우측으로 이동하게하고 이에 따라 케인스가 말했던 것처럼 균형산출량도 증가하게 된다.

필립스 곡선

IS-LM 모형에는 필립스 곡선이 접목되었다. 필립스 곡선은 뉴질랜드 태생의 경제학자 A.W. 필립스A.W. Phillips, 1914~1975의 이름에서 비롯됐다. 필립스 곡선은 정보 분석을 통해 도출된 곡선이며 실업률과 인플레이션이 서로 상충관계임을 보여준다. 즉, 낮은 실업률은 상대적인 노동력 부족으로 보일 수 있는데 그것이 더 비싼 임금의 원인이 되어 인플레이션과 연결된다는 것이다. 필립스 곡선은 곧 정부정책 당국에 의해 극단적인 실업률과 높은 인플레이션을 회피하기 위한 정책수단으로 채택되었다.

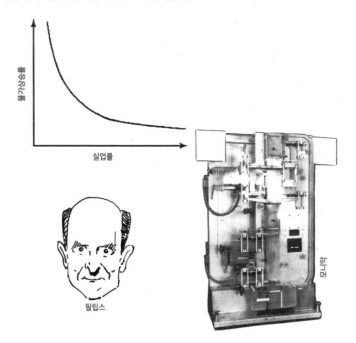

공학교육을 받았던 필립스는 모니악의 개발자로도 유명하다. 모니악은 영국 경제의 실제 모형으로 그 안에서 서로 다른 다양한 부분 사이 돈의 흐름을 기기 내 튜브들을 흘러가는 물의 색깔로 보여 주었다.

미국의 경제학자 폴 새무얼슨Paul Samuelson, 1915~2009은 IS-LM 모형을 대중화 시켰는데, 그는 400만 권이 넘게 팔린 자신의 베스트셀러《새뮤얼슨의 경제학 Economics》1948에 이를 포함시켰다.

새뮤얼슨은 경제학의 핵심 이론들을 극대화와 균형이라는 두 가지 원칙에 기초해 일관성 있는 수학적 체계로 표현하는 것을 목표로 삼았다.

IS-LM 모형은 경제학의 핵심 이론들을 케인스 거시경제학국가, 지역, 또는 세계 전체의 경제에까지 확대시키기 위한 방법이었다. IS-LM 모형은 케인스의 주장 가운데 일부라도 담아낸 것이기는 했지만, 그럼에도 불구하고 동시에 극단적으로 단순화시킨 것이기도 했다.

케인스의 사생아

IS-LM 모형은 시장이 안정적인 균형상태를 이루고 있거나 이에 가깝다고 전제한다. 반면 케인스는 경제가 산발적으로 계속 변화한다고 보았다. IS-LM 모형은 또한 경제 내의 여러 복잡하고 불확실한 연관성들을 무시했다. 예를 들어, 사실 두 곡선이 밀접하게 관련되어 있을 수도 있는 때조차도 IS와 LM곡선이 독립적이라고 가정했다.

영국의 경제학자 조안 로빈슨Joan Robinson, 1903~83은 신고전파 종합이론을 케인스의 사생아라고 부른 것으로 아주 유명하다. 그가 그렇게 부른 이유는, 신고전파 종합이론이 주류 신고전파 경제학에 맞지 않는 케인스의 이론들을 효과적으로 중화시켰기 때문이다.

불확실성이 사라지다

곧 잊힌 케인즈 연구의 또 다른 견해로는 그의 수학 모형에 대한 회의론과 불확실성에 대한 강조가 있다.

솔직히 말해서 우리는 향후 10년 간의 철도, 구리광산, 직물공장, 특허 의약품의 영업권, 대서양 쾌속정, 런던 빌딩의 총수익 등을 측정하는 데 있어서 우리가 지닌 지식의 기초가 사실 조금 가끔은 아무런 도움도 되지 않는다는 사실을 받아들여야 한다.

제2차 세계대전 이후 경제학은 점차 복잡한 수학 모델들로 점철되어져 갔다. 이 같은 흐름은 경제학자들이 거론한 질문들을 답변하는 데에는 도움이 되었다. 그러나 존 스튜어트 밀 같은 고전파 경제학자들이 관심을 가졌던 사회정의 같은 문제들은 계량화의 난이성으로 인해 주류 경제학에서 멀어져갔다.

애로우 드브뢰 모형

한층 수학화를 추구했던 극단적 사례는 케네스 애로우Kenneth Arrow, 1921~와 제라드 드브뢰Gérard Debreu에 의해 1950년대에 창안된 애로우-드브뢰 모형이었다. 애로우-드브뢰 모형은 레옹 발라스의 '이상적인 시장은 균형상태를 이룬다'라는 추측을 증명했다.

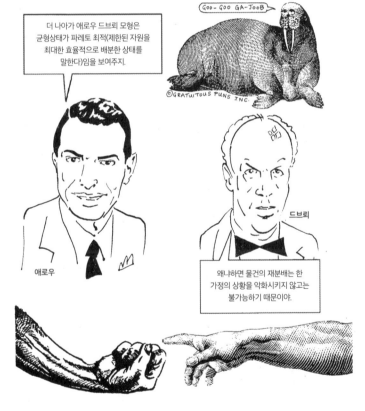

더 나아가 애로우 드브뢰 모형은 균형상태가 파레토 최적(제한된 자원을 최대한 효율적으로 배분한 상태를 말한다)임을 보여주지.

GOO-GOO GA-JOOB

©GRATUITOUS PUNS INC.

애로우

드브뢰

왜냐하면 물건의 재분배는 한 가정의 상황을 악화시키지 않고는 불가능하기 때문이야.

냉전 중, 애로우-드브뢰 모형은 공산주의적 철권통치가 아닌 자본주의의 보이지 않는 손이 사회를 조직화하는 데 있어 최선임을 실증하는 '수학적 증명'을 통해 그 위상이 더 높아졌다.

쇼핑 목록

애로우-드브뢰 모형의 기본 구성요소들은 상품과 기업, 그리고 가계가구들이 기록된 목록이다. 각 기업은 일련의 생산공정이 있는데 이는 어떻게 기업이 제품을 생산하고 소비하는지를 보여준다. 그리고 각각의 가계는 구매 가능한 상품에 대한 선호도여기서 선호도는 고정되어 있다고 가정한다가 반영된 소비계획을 갖고 있다.

주어진 일련의 가격들을 감안해, 애로우-드브뢰 모형은 가계를 위한 최적 소비 계획과 기업을 위한 최적 생산공정을 계산해준다. 이를 통해 특정 가격에서 구매 가능한 생산물의 총수요와 기업의 총공급이 결정된다.

미래 완료

애로우-드브뢰 모형의 쾌거는 수요와 공급이 균형을 이루는 파레토 최적인 균형가격의 존재를 증명한 것이었다. 하지만 이를 위해선 애로우-드브뢰 모형에 여러 가지 가정을 더해야만 했다. 여기에는 완전경쟁, 시장 참여자들의 완전한 정보, 그리고 무시해도 좋을 정도의 사소한 거래비용이 포함된다. 그러나 가장 강력한 가정은 '시장 참여자들이 미래에도 자신들의 효용을 극대화하기 위해 합리적으로 소비를 계획할 수 있다는 것'이었다.

139

왕관 속 보석

아폴론 같이 '미래를 들여다 볼 수 있는 능력'은 명백히 비현실적이다. 케인스가 지적했듯이, 우리들의 선견지명은 기껏해야 있으나마나한 수준이다. 그럼에도 불구하고, 애로우-드브뢰 모형은 경제 수학 모형의 기준을 세웠고 곧 신고전파 경제학의 '왕관 속 보석'으로 알려지게 되었다.

애로우 드브뢰 모형은 또한 대규모 연산일반균형Computable General Equilibrium 모형의 발전을 위한 길을 닦았는데, 오늘날에도 여전히 정책 입안자들에 의해 사용되고 있다. 연산일반균형 모형은 원리적으로는 애로우-드브뢰 모형과 비슷하나, 이 모형은 대규모 소비자 집단과 다른 경제 부문들만을 집계했다는 점에서 비교적 단순화된 것이다. 두 모형은 또 기저에 균형과 합리적이며 효용을 극대화하고자 하는 행동의 존재 등등을 가정한다.

호모 이코노미쿠스의 힘은 나조차도 능가하지.

아폴론

밀턴 프리드먼

신고전파 경제학 모형의 가정들은 오랫동안 소스타인 베블런 같은 경제학자들에 의해 의문이 제기되어 오고 있었다. 소스타인 베블런은 호모 이코노미쿠스를 조롱했으며 과시적 소비 같은 여러 사회적 행동들이 뿌리 깊게 자리 잡고 있는 비합리성에 기반한 것이라고 주장했다.

그러나 경제학자 밀턴 프리드먼Milton Friedman, 1912~2006은 신고전파 경제학의 가정들을 옹호했는데, 그는 '중요한 것은 이론이 정확한 예측을 할 수 있느냐 없느냐이다.'라고 주장했다.

욕망덩어리

합리적인 경제인

베블런

프리드먼

이 같은 형태의 비판은 대개 논점에 어긋나지. 당신이 다양한 현상들에 대한 더 나은 예측을 위해 그것을 활용할 수 없다면 말야.

통화주의

프리드먼은 시카고 대학에 기반을 둔 시카고 학파의 대표적인 인물로 20세기 후반기를 통틀어 가장 영향력 있던 경제학자였다. 프리드먼의 경제사상에 대한 주된 공헌은 통화주의에 대한 연구와 관련된 것이다.

통화주의는 피셔의 방정식에 기반하는데, 다음은 그 공식이다. M화폐의 공급량 x V 속도 = P물가수준 x T거래량/공식의 값=GDP. 프리드먼은 속도가 본질적으로 고정된 수치이고 과도한 화폐 공급은 물가수준에 직접적으로 반영된다고 주장했다.

인플레이션은 항상 그리고 어디에서든 화폐적 현상이지.

그러므로 국가경제에 있어 정부의 역할은 화폐 공급량을 GDP에 맞춰 공급하는 것으로 제한되어야 한다.

스태그플레이션

프리드먼의 입장은 재정정책정부지출 증가이 경기침체를 이겨내기 위해 필요하다고 믿었던 케인스와는 대조적이었다. 프리드먼의 주장은 1970년대 선진국에서 스태그플레이션이 출현함으로써 정당성이 입증된 것처럼 보였다.

스태그플레이션은 전례 없이 높은 실업률과 인플레이션이 조합된 것이었기에 필립스 곡선을 부정하고 케인즈 학파의 경제 처방에 정면으로 도전하는 것이었다. 미국에서는 실업률과 인플레이션율을 합한, 소위 고통지수가 21%에 도달하기에 이르렀다.

영국에서는 1978년~1979년까지 '불만의 겨울'이 지속되었다. 광범위한 파업이 발생했으며 노조 지도자들은 임금인상 협정체결을 요구했다.

프리드먼과 여타 경제학자들은 스태그플레이션이라는 이 혼란한 상황이 케인지언 정책 때문이라고 비판했다.

통화주의자들에 따르면, 정부는 경제의 소소한 부분까지 훌륭하게 챙길 수 없다. 왜냐하면 사람들이 정부의 개입을 무력화시키는 방법으로 행동을 조정할 것이기 때문이다. 경제가 침체인 상태에서 정부가 미리 침체 상태를 벗어나기 위한 준비를 시도하려고 한다.

예를 들어, 금리인하를 준비한다면 그 상황에서 노동자들은 경험상 시간이 지나면 화폐가치 하락이 인플레이션으로 이어질 것이라는 것을 생각해낸다.

유일한 장기 대책은 정부가 장기경제성장에 맞춰 일정한 비율로 화폐공급을 늘리는 엄격하고 지속적인 통화정책을 집행하는 것이다.

자연 실업률

그래서 프리드먼은 어떻게 그리고 어디에 화폐를 지출할 것이냐와 관련해 주관적인 정치적 선택이 필요하다고 생각했다. 이를 위해 능동적인 정부 개입을 공정하고, 비정치적이며 테크노크라시적인 접근법으로 대체하고자 했다.

통화준칙은 통화정책을 유권자들의 제어에서 벗어난 소수 정치집단의 힘과 단기적인 정당정치의 압박에서 보호해줄 수 있지.

인플레이션

또한 프리드먼은 자연실업률의 존재를 주장했으며 이를 없애고자 하는 시도는 인플레이션을 가속화시킬 뿐이라고 주장했다.

시카고식 접근법

프리드먼으로 대표되는 시카고 학파는 자유시장주의, 과세반대, 그리고 거대 정부에 대한 본능적 혐오로 유명하다. 시장에 대한 규제는 비효율적이라고 보았으며 정부의 역할은 국방, 사법, 그리고 기본적 법률제정에 국한돼야 한다고 주장했다. 또한 자원의 분배는 최대한 국가가 아닌 기업들에게 맡겨야 한다고 말했다.

합리적 시장

통화주의정책들은 인플레이션과 실업률을 조절하는 데 실패했으며_{화폐유통 속도} 가 생각했던 것보다 더 변동이 심했다, 곧이어 재정정책과 통화정책을 결합한 보다 더 능동적인 접근방법으로 대체되었다. 프리드먼 또한 이후 통화주의로부터 거리를 두었다.

> 화폐량의 사용처를 목표로 삼는 것은 성공적이지 않았지.

하지만 그것이 시카고 학파의 '합리적 기대'와 '효율적인 시장'이라는 패러다임에 의해 경제학이 점철되는 것을 막지는 못했다. 합리적 기대는 미래에 대한 사람들의 기대가 평균적으로 정확하다고, 효

율적 시장은 한 발 더 나아가 금융시장을 일종의 전지전능한 신으로 탈바꿈시켰다고 주장했다.

우리 뒤에서 모든 것을 보는 눈 - 1달러 지폐

완벽한 모형

합리적 기대이론은 로버트 루카스Robert Lucas, 1937~의 열렬한 지지를 받았다. 합리적 기대 이론에 따르면, 사람들은 합리적일 뿐만 아니라 그 어떤 시스템 오류도 일으키지 않는 완벽한 정신적 경제 모형을 갖고 있다. 그렇기에 시장은 항상 균형상태가 되어야 한다. 왜냐하면 오로지 비합리적인 행동만이 불균형 상태를 초래하기 때문이다.

그러므로 만약 어떤 사람들이 실직 상태라면 그것은 그들이 고용환경의 피해자여서가 아니라 제안받은 임금을 받고 일하는 것을 합리적으로 거부했기 때문이지.

여러분의 선택이지요.

루카스

THE PERFECT MODEL

완벽한 모형

합리적 기대 이론은 다른 분야에도 확대 적용할 수 있다. 예를 들면, 게리 베커Gary Becker, 1930~는 범죄자들이 범죄를 저지르는 것은 범죄를 저지를 때의 이익과 체포될 위험을 합리적으로 계산했을 때 범죄를 통해 얻을 수 있는 이익이 훨씬 크기 때문이라고 주장했다.

효율적인 시장

1965년 유진 파마(Eugene Fama, 1939~)는 '효율적 시장 가설'을 내놓았다. 스탠리 제번스를 떠오르게 했던 이 가설에서 유진 파머는 효율적 시장을 다음과 같이 정의했다.

> 다수의 합리적 행위자가 이익의 극대화를 위해 적극적으로 경쟁하고 개개인이 각자 증권의 미래 가치를 예측하려 하지. 또한 모든 시장 참가자들이 거의 모든 정보를 무료로 구할 수 있는 시장이 존재하지.

유진 파마는 위와 같은 조건 하에서 어떤 자산의 시장가격은 그 자산의 내재가치에 맞게 자동으로 조정된다고 주장했다. 또한 가격변동은 작고 무작위로 발생한다. 결국 효율적 시장에서는 어떤 투자자도 기본적 분석 혹은 다른 어떤 방법을 활용한다 할지라도 가격 차이에 기초한 이익창출은 불가능하다.

> 그 누구도 시장을 이길 수는 없지.

경제점성술

시장가격이 균형 부근에서 무작위로 변동한다는 이론은 프랑스의 수학자 루이 바슐리에Louis Bachelier, 1870-1946의 논문인 〈투기 이론Théorie de la spéculation〉1990까지 거슬러 올라간다. 파마는 여기에 가격의 움직임이 본질적으로 예측불가한 '불규칙 행보'를 따라가는 모습을 보여주는 통계적 데이터를 추가했다.

　파마는 서로 다른 여러 회사들의 특징들을 분석함으로써 시장 평균 이상의 수익을 내는 주식을 고르는 것은 불가능하다고 말했다. 그는 그 이유를 합리적 시장에서는 모든 필요한 정보가 이미 가격에 반영되기 때문이라고 주장했다.

악천후 예보

효율적 시장 가설은 증권 컨설턴트들이 왜 실수했는지를 설명해줄 뿐만 아니라, 경제학자들에게도 일정수준 변명의 여지를 제공했다. 제2차 세계대전 이후, 막대한 양의 자원과 노력이 연산가능일반균형(CGE) 모형들 같은 정교한 수학적 모형의 발전에 쏟아 부어지고 있었다.

1970년대에 이르러 경제 데이터의 증가는 속도가 빠른 컴퓨터의 유용성은 정교한 수학적 모형들이 일기예보를 위해 사용되던 모형과 그 크기나 복잡성 측면에서 필적할 만하다는 것을 의미했다.

정규분포

경제예측 기록의 부족은 '시장은 효율적이기에 예측할 수 없다.'는 파마의 주
장과 일치한다.

그러나 효율적 시장 가설이 그날
그날의 시장 움직임에 대한 정확
한 예측을 배제한 반면, 경제학자들은 여전
히 이론적인 측면에서 어느 정도 가격의
움직임에 대한 통계적 가능성을 계산할
수 있다고 생각했다.

파마의 효율적 시장에 의
하면, 시간에 따른 자
산가격의 변동은
작고, 무작위적이
며 서로 독립적이
다. 따라서 자산가
격의 변동은 정규분포종형곡선
이라고도 불린다라고 알려진 통계
적 모형에 의해 모델링될 수
있다. 종형곡선의 표준편차폭
을 측정한 수치는 자산의 변동성
을 나타내는 데 사용될 수
있다.

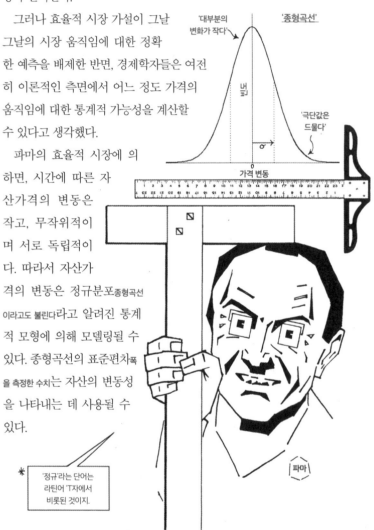

'정규'라는 단어는
라틴어 'T'자에서
비롯된 것이지.

금융공학

이론적으로 주식같이 변동성이 높은 자산은 현금같이 변동성이 덜한 자산에 비해 보유에 따른 위험이 더 크다. 표준편차는 위험을 수량화하는 방법을 제공하고 그를 통해 위험을 통제할 수 있도록 해준다. 이로써 금융공학이라는 분야가 태동되었다.

자본자산 가격결정 모형은 그 어떤 금융자산의 가치도 위험을 포함해 계산할 수 있었다.

-윌리엄 F. 샤프 (William F. Sharpe, 1934~)

-해리 마코위츠(Harry Markowitz, 1927~)

현대 포트폴리오 이론은 서로 상관관계가 없는 자산집단을 선택함으로써 위험을 최소화 하는 기법을 선 보였다.

1973년, 피셔 블랙Fischer Black, 1938-1995과 마이어슨 숄츠Myron Scholes, 1941~는 옵션가격을 계산하는 기법을 제시했다. 파생금융상품은 미래 특정 시점에 정해진 가격으로 증권을 매수하거나 매도할 권리를 부여한다. 파생상품의 일관성 있는 가격은 파생상품의 쓰임새를 엄청나게 확대시켰다. 하지만 파생상품은 때때로 2008년의 서브 프라임 모기지 사태와 같은 경제 불안정을 초래하기도 했다.

스웨덴 중앙은행 경제학상

양적 연구를 하는 학문으로서의 경제학의 타당성은 1969 스웨덴 중앙은행의 '알프레드 노벨을 기념하는 스웨덴 중앙은행 경제학상'을 제정함으로써 한층 더 견고해졌다. 이 상은 곧 노벨 경제학상으로 알려지게 되었다. 수상자들로는 폴 새뮤얼슨, 존 힉스, 케네스 애로, 프리드리히 폰 하이에크, 사이먼 쿠즈네츠, 밀턴 프리드먼, 제라드 드브뢰, 로버트 루카스, 게리 베커, 윌리엄 F. 샤프, 해리 마코위츠, 그리고 마이런 숄스 등이 있다. 알프레드 노벨 사후 그 이름을 사용한 것이 많은 논란을 불러일으켰다. 지금은 점차 스웨덴 중앙은행 상으로 알려지고 있는 추세다.

스웨덴 중앙은행 경제학상 수상자 3의 2는 미국의 시카고 학파 출신 경제학자들인데, 이들은 주식시장과 옵션 투기를 위한 수학적 모형을 만들었다. 이 같은 편향된 수상은 '인류 복지의 개선'과 이에 공헌한 이들에게 상을 수여하고자 하는 알프레드 노벨의 목적과 배치되는 것이다.

-알프레드 노벨의 후손, 피터 노벨, 2004

아폴로 계획

1960년대 후반부터 1970년대 초반은 과학과 기술에 대한 거대한 낙관주의의 시대였다. 시대정신은 달 탐사의 성공에 사로잡혀 있었다.

공학자들이 달로 향하는 우주선의 비행을 통제할 수 있었던 것처럼, 점차 경제학자들은 방정식을 활용해 경제 성장률을 예측하고 통제할 수 있다고 믿기 시작했다. 이윽고 정부, 사기업, 세계은행, IMF 등과 같은 기관들의 수요가 폭증했기 때문에 경제학은 성장 산업이 되었다.

이 시기는 또한 냉전이 극에 달했던 시기이기도 했다. 미국과 러시아가 벌인 누가 먼저 사람을 달에 보내느냐는 경쟁에서 러시아의 패배는 곧 공산주의에 대한 자본주의의 승리를 상징하는 것이었다.

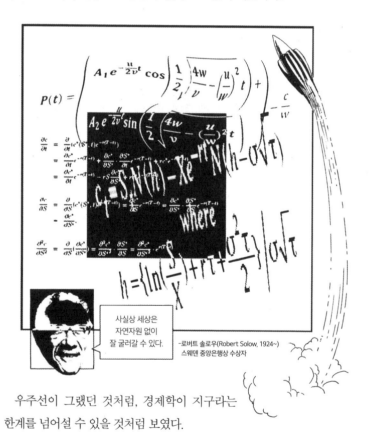

경제 모형

경제학은 또한 점차 추상적이며 수리적인 학문이 되어가고 있었다. 합리적 선택에 기초한 '게임 이론'을 통해 인간의 행동을 설명할 수 있었다.

고전파 경제학자들은 부의 세 가지 원천土地, 노동, 자본을 정치적 그리고 계급적 영향을 모두 포함해서 강조해오고 있었다. 그러나 이제 경제학자들은 점차 토지를 제외한 노동과 자본에 집중하기 시작했다. 인간의 독창성과 기술이 항상 토지의 대용물을 만들 수 있다고 보았기 때문이다.

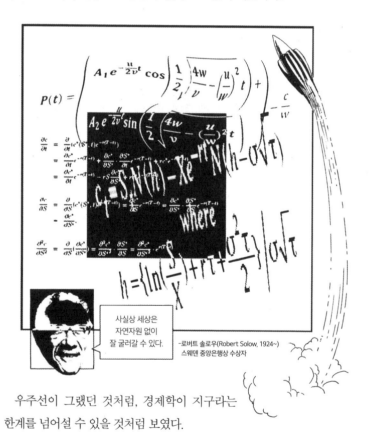

사실상 세상은 자연자원 없이 잘 굴러갈 수 있다.

-로버트 솔로우(Robert Solow, 1924~)
스웨덴 중앙은행상 수상자

우주선이 그랬던 것처럼, 경제학이 지구라는 한계를 넘어설 수 있을 것처럼 보였다.

156

지구돋이

누군가에게는 달 탐사 계획이 자연에 대한 인간의 승리를 상징하는 것이었지만, 경제학자 집단은 이것을 다르게 받아들였다. 1968년 아폴로 8호 계획은 어두컴컴한 우주를 배경으로 지구 전체를 담은 최초의 사진을 제공했다.

지구가 달 표면 위로 솟아오르는 이 지구돋이 사진은 지금까지 촬영된 사진 중 가장 영향력 있는 환경사진으로 알려져 있다. 이 사진은 환경 요소를 고려하는 새로운 종류의 경제학에 대한 영감을 주기도 했다.

극심한 외로움은 영감과 여러분이 지구에 두고 온 것들이 무엇인지를 깨닫게 합니다.

- 우주비행사 암스트롱 제임스 로벨

우주선 지구

1966년, 케네스 볼딩Kenneth Boulding, 1910~93은 자신의 책《곧 다가올 우주선 지구의 경제학The Economics of the Coming Spaceship Earth》1966에서 지구를 추출하거나 오염시킬 유한한 자원이 있는 하나의 우주선으로 비유했다. 그는 주류 경제학자들이 여전히 카우보이 경제 관점에서 생각한다고 비판한다.

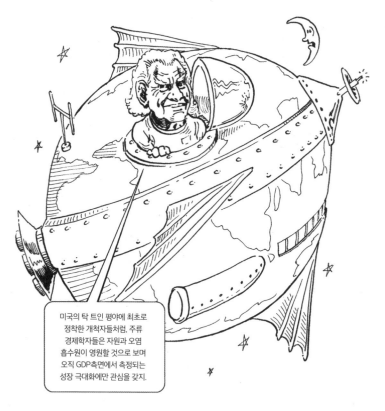

미국의 탁 트인 평야에 최초로 정착한 개척자처럼, 주류 경제학자들은 자원과 오염 흡수원이 영원할 것으로 보며 오직 GDP측면에서 측정되는 성장 극대화에만 관심을 갖지.

자원이 한정된 세상에서 이 같은 정책은 맬서스가 거의 200년 전에 이미 지적했던 것처럼 매우 위험하다. 볼딩은 GDP를 자원고갈과 환경훼손을 설명하는 척도로 대체하는 것을 포함해 몇몇 개선점들을 제안했다.

니콜라스 게오르게스쿠-뢰겐

니콜라스 게오르게스쿠-뢰겐Nicholas Georgescu-Roegen, 1906-94은 루마니아 출신의 수학자이자 경제학자로 '지속적인 경제성장신고전파 경제학에서는 절대적인 것임'이라는 개념이 영구기관과 같은 문제를 갖고 있다고 주장했다.

지속적인 경제성장은 기초적인 물리법칙에 어긋나는 것이지.

그 어떤 것도 근본적인 제약 없이 항구적으로 성장할 수 있는 것은 없어.

사실, 이 모든 기계론적 비유는 잘못된 것이다.

"누구든 스스로가 생태계를 구원할 청사진을 그릴 수 있다고 믿는 이는 진화의 법칙, 또는 역사조차 제대로 이해하지 못하고 있는 것이다. 역사란 계속 이어지는 소설의 형태를 띠며 예측할 수 없고 조절할 수 없는 생리 화학적 과정예, 계란 삶기 & 달로 우주선을 보내기을 가진 영원한 다툼이다."

자연자본(토지)

'가치'의 경제학적 정의에는 인간의 노동이나 소유권뿐만 아니라, 자연자본
도 포함시켜야 한다. 게오르게스쿠-뢰겐의 제자인 헤르만 델리Herman Daly, 1938~
에 따르면, 우리가 경제 성장이라 부르는 것의 대부분은 자연자본의 손실을
고려하자마자 이미 비경제적인 것이 된다. 이에 대한 해결책은 존 스튜어트
밀이 말한 균제상태경제정상상태경제를 목표로 하는 것이다. 여기서 균제상태경
제란 경제활동을 자연 생태계의 한계를 넘지 않도록 유지하고, 다음 세대를
위해 자원을 보존하며, 집합적 성장의 크기 대신 질적 향상에 초점을 맞추는
것을 말한다.

1973년, 델리는 석유 같은 재생불가능 자원의 사용량을 조절하기 위해서
배출권 거래제를 제안한다. 이를 통해 정부는 자원의 채취를 제한할 수 있으
며 가장 높은 가격의 입찰자에게 이 권리를 판매할 수 있다. 이렇게 하여 자
원이 소모되는 속도를 조절할 수 있다.

균제상태(정상상태)

균제상태정상상태 경제가 성공적이기 위해서는 성장경제와는 다른 원리에 따라 경제를 체계화해야 한다. 세금은 월급처럼 사람들에게 선한 영향을 주는 것이 아닌 환경 오염같이 악영향을 미치는 것에 부과되어야 한다. 자유무역은 환경 기준에서 볼 때 바닥을 향한 경쟁을 조장할 뿐이다델리는 리카도의 자유무역에 대한 분석은 자본이 전 세계적으로 유동적이고 규제를 피할 수 있는 시대에는 더 이상 적합하지 않다고 지적했다.

생태경제학

볼딩, 게오르스쿠-뢰겐, 델리와 여러 학자들이 노력 덕분에 생태경제학이라는 분야가 탄생했다. 생태경제학의 중심사상은 '인간 경제는 더 큰 생태계의 일부분으로 여겨져야 한다.'는 것이다.

생태경제학은 환경운동과 마찬가지로 1970년대에 인기를 얻었으나 주류 경제학에 미친 영향은 미미했다. 그러나 생태경제학만이 정통 경제학의 유일한 비평가는 아니었다.

경제학파

1970년대에 이르자 경제학은 점차 분열된 교회를 연상시키기 시작했다.

정통교

이교도

당시, 경제학은 신고전파 경제학 이론의 여러 변형들을 탐구하던 정통 경제학자들이 지배하고 있었다. 이들은 '사람들은 대부분 합리적으로 행동하고, 시장은 완전경쟁상태이며, 가격은 균형을 이루고, 정교하게 설계된 자유 시장체제는 효용을 극대화하며 사이비 뉴턴의 법칙에 의해 지배된다.'고 가정했다. 또한 환경이나 사회정의와 관련된 이슈들을 경시하는 경향을 보였다. 이러한 정통 경제학자들은 유수대학들과 금융기관들을 지배했다.

주류 경제학파의 핵심부 바깥쪽에는 주류 경제학파와 간극의 정도가 다른 다수의 이교적 학파들이 있었다. 만약 이교적 학파들 사이에 한 가지 공통점이 있었다면, 그것은 미국의 경제 관료였던 로런스 서머스Lawrence Summers, 1954~가 말했던 주류 경제학의 기본 가정에 동의하지 않았다는 것뿐이었다.

진실을 퍼뜨려라~경제법칙들은 공학법칙과 같아. 한 세트의 법칙들은 어디서나 통하지.

행동경제학

1970년대부터 이스라엘 출신의 심리학자인 대니얼 카너만Daniel Kahneman, 1934~과 아모스 트버스키Amos Tversky, 1937-96는 인지심리학 기법을 활용해 합리적 행동모형이 무력화되는지를 실험했다. 행동경제학이라는 분야의 시작이 된 논문을 통해 두 사람은 사람들이 비합리적으로 행동하는 경우가 많다는 것을 밝혀냈다.

예를 들어, 우리는 손실과 이익에 대해 비대칭적인 태도를 보이죠. 우리가 이익에 대해 느끼는 가치에 비해 손실을 더 두려워 합니다. 그래서 우리는 종종 좋은 기회들을 놓치곤 하죠.

우리는 또한 변화를 싫어하죠. 이 같은 사실은 주식 투자자들이 왜 하락세를 보이는 주식들을 손절하는 데 종종 어려움을 겪는지를 설명해주는 것입니다.

카너만

트버스키

경제학자들은 이와 같은 연구 결과들을 두고 '제한된 합리성'이라고 말한다.

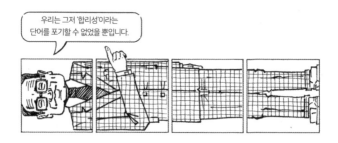

우리는 그저 '합리성'이라는 단어를 포기할 수 없었을 뿐입니다.

정보 비대칭

제번스 같은 신고전파 경제학자들은 수많은 기업들이 동일한 제품을 판매하기 위해 경쟁하고, 모든 사람들이 완벽한 정보를 갖고 있는 완전경쟁시장을 가정했다. 그래서 신고전파 경제학자들은 기업의 규모나 시장지위가 중요하게 작용하는 경쟁 과정 대신 정적이고 이상적인 최종 결과물에 초점을 맞추었다.

조지 애컬로프George Akerlof, 1940~는 1970년 그의 논문 〈레몬 시장The Market for Lemons〉에서 모든 사람들이 동일한 정보에 접근할 수 없을 때 어떤 일이 발생하게 되는지를 조사했다.

힘의 법칙

주류 경제학이 기존 모형을 수정해 '제한된 합리성'이나 '정보 비대칭' 같은 개념들을 어찌저찌 받아들일 수는 있었으나, 점점 커져만 가는 빈부격차는 설명하지 못했다. 애덤 스미스는《도덕감정론The Theory of Moral Sentiments》에서 시장의 보이지 않는 손이 부자들로 하여금 모든 생산물들을 공정한 방식으로 가난한 사람들과 나누도록 할 것이라고 주장했다.

그 이후 19세기에 접어들어 빌프레도 파레토는 80 대 20 법칙파레토 법칙이라고도 부른다을 주장했으며, 인구의 20%가 전체 부의 80%를 보유하고 있음을 실증했다. 하지만 1970년대에 이르러 선진국 최고경영자들의 급여는 크게 치솟은 반면 중위 연봉은 제자리에 머물러 있었으며, 수십 억의 사람들이 식량부족으로 고통을 받았다.

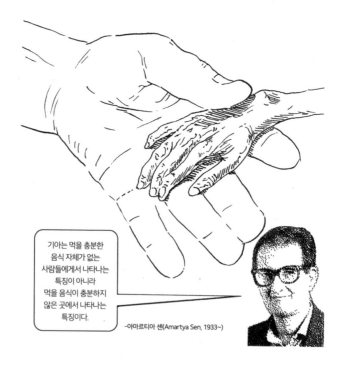

기아는 먹을 충분한 음식 자체가 없는 사람들에게서 나타나는 특징이 아니라 먹을 음식이 충분하지 않은 곳에서 나타나는 특징이다.

-아마르티아 센(Amartya Sen, 1933~)

신고전파 경제학에 따르면, 경제는 프랜시스 에지워스가 말했듯 '최대한 많은 행복 에너지를 만드는 기계'였다. 그러나 자기보고생활만족 연구에 의하면, 미국처럼 부유한 국가에서조차 행복기계가 하락하고 있었으며, 행복은 1950년대 혹은 1960년에 정점을 찍은 후 조금씩 감소해오고 있었다.

소스타인 베블런이 지적했듯, 어느 순간부터 자원은 정말 필요한 욕구를 채우는 것이 아닌 의미 없는 군비확장 경쟁 같은 과시적인 소비에 쓰이게 된다. 실제로 광고와 마케팅의 핵심 요소 중 하나는 사람들로 하여금 자신들이 갖고 있는 것에 만족하지 못하게 함으로써 새로운 것을 구매하게 하는 것이다.

여성주의 경제학

여성주의 경제학에 따르면, 문제의 일부분은 주류 경제학의 이론, 특히 합리적 경제 개념이 경쟁력, 개인주의, 그리고 합리성 같은 남성 가치관 중심의 고정관념에 기인한다는 데 있었다.

여성 경제학의 선도자는 뉴질랜드의 정치가이자 교수였던 마릴린 워링Marilyn Waring, 1952~이었다. 그녀는 《보잘 것 없는 것Counting for Nothing》1988에서 'GDP에는 엄청난 양의 무급노동이 포함되지 않았는데, 이것이 주로 육아, 교육, 노약자 돌보기, 가정을 꾸리는 것 등과 같이 여성들이 담당하는 노동'이라고 주장했다.

민스키 모멘트

현실과 조금 동 떨어진 신고전파 경제학의 또 다른 기본 가정은 '경제는 본질적으로 안정적이다.'라는 것이다. 경기순환도 기술혁신같이 경제의 균형상태를 흔드는 일시적 충격에 대한 합리적 반응으로 설명될 수 있었다.

미국의 경제학자 민스키Hyman Minsky, 1919~1996는 자신의 논문인 〈금융 불안정성 가설Financial Instability Hypothesis〉1992에서 경제는 신고전파 경제학이 가정하는 것과 달리 거품이 생기거나 폭락하기 쉽다고 주장했다.

경제가 호황일 때는 성공이 자신감을 불러오게 되고 그에 따라 부채가 증가한다. -케인스의 '야성적 충동'의 한 예-

이 같은 과정은 경제가 극점오늘날 민스키 모멘트로 불리며 대출금이 회수되고 경제가 폭락하는 순간을 말한다에 도달할 때까지 지속된다.

169

빈번한 폭락

경제가 빈번하게 폭락한다는 민스키의 주장을 뒷받침할 역사적 증거들은 무수히 많다. 일례로 1637년에 발생했던 튤립 투기 파동을 들 수 있는데, 튤립의 구근 가격이 계속 큰폭으로 상승하다 어느 순간 갑작스런 폭락으로 이어졌다. 또 다른 예로 남해회사 거품사태를 들 수 있는데 이로 인해 아이작 뉴턴은 은퇴 자금에 큰 타격을 입었다.

금융보다는 프랙탈로 더 잘 알려져 있는 프랑스 태생의 수학자였던 브누아 맨델브로Benoit Mandelbrot, 1924~2010는 1960년대 초부터 가격변동 같은 경제 데이터들이 효율적 시장가설에 의해 예측되었던 것과 다르게 종형곡선을 따르지 않으며, 오히려 지진의 그래프와 유사한 멱함수 분포에 의해 그 변동이 잘 설명된다고 주장해왔다. 대부분의 가격변동은 작으나 몇몇은 엄청나다. 이는 종형곡선에 기반으로 한 분석 도구들이 위험할 정도로 폭락 같은 극단적 사건이 발생할 확률을 과소평가하고 있다는 것을 의미한다.

170

복잡계

주류 경제학의 가정들이 면밀한 검증을 받고 있을 때, 다른 과학 분야에서는 모델링과 경제에 대한 이해를 다른 방식으로 가능케하는 새로운 도구가 개발되고 있었다. 다음과 같은 것들이 해당된다.

네트워크 이론-소셜 네트워크, 월드와이드웹, 혹은 재무 시스템 같은 복잡한 네트워크 내에서의 대상들 간의 관계를 연구한다.

비선형역학-피드백 루프가 어떻게 대기나 살아 있는 세포 같은 동적 시스템에 영향을 주는지 연구한다. 균형상태로 존재하기보다 동적 시스템 내 대상들이 항상 휘돌려지고 있다는 점에서, 그 시스템들은 균형상태로부터 멀리 떨어진 것으로 더 잘 서술된다.

복잡성 과학-복잡한 시스템들, 예측을 거부하고 환원 법학자 접근법에 저항적인 출현속성에 의해 특정되는 복잡한 시스템들을 연구한다.

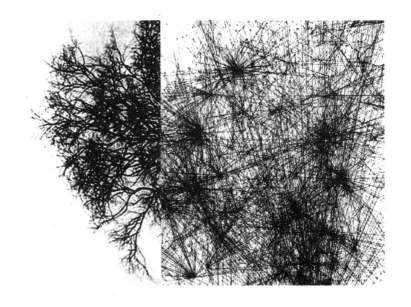

행위자 기반 모형

경제학자들은 이미 전부터 이 분야에 손을 대어오고 있었다. 예를 들면, 오스트리아 학파의 경제학자들은 '경제는 자생적 질서 혹은 창발적 질서(페이지 128-131쪽 참조)로 특징되어 진다.'고 주장했다. 하지만 새로운 계산적 접근은 과학자들이 단순한 기계적 설명 혹은 공급, 수요, 속도에 대한 투박한 합계를 넘어서는 자세한 시뮬레이션을 수행할 수 있음을 의미했다.

한 예로 가상 주식시장의 행위자 기반 모형을 들 수 있다. 여기서 행위자는 개인 투자자에 해당되며 이들의 행동은 서로 영향을 받는 한편 시장의 상황에도 영향을 받는다. 시뮬레이션은 실제 시장의 창발적 먹승법 행동을 재현시킬 수 있으며, 왜 보이지 않는 손이 자생적 먹승법 행동을 재현시킬수 있으며 왜 보이지 않는 손이 흔들렸는지를 설명해준다.

공급이 수요에 영향을 주고 그 반대되는 상황이 일어나면 수요공급의 법칙은 무너져.

다시 나타나는 불확실성

환원론의 진정한 척도는 전통적으로 새로운 이론이나 기법들이 더 나은 예측을 제공할 수 있는지를 따지는 것이었다. 뉴턴의 '중력의 법칙'이 뒤집혔던 것은 아인슈타인의 '상대성 이론'이 더 정확하다는 것을 증명한 이후였다.

시스템 과학의 영역에서는 상황이 더 복잡하다. 복잡한 유기체계의 특징들이—출현 속성과 피드백 루프 등—본질적으로 예측하기 어렵게 만든다. 무형들은 불완전한 조각들로만 인식된다.

이런 관점에서 볼 때, 합리적 경제인이 정확하게 자신의 미래를 계획하고, 경제 전체에 대한 완벽한 심적 모형을 유지한다는 생각은 추상적 관념을 형상화하는 것보다 덜 과학적 이론으로 보인다. 현대식 천체의 음악이다.

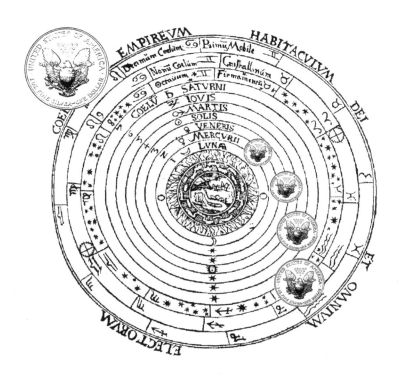

서브 프라임

네트워크 이론이나 복잡성 이론 같은 도구들이 다른 과학 분야에서는 대변혁을 일으키고 있었음에도 불구하고, 여전히 주류경제학에 침투하는 데에는 실패했다. 그 원인은 일정 부분 소수의 경제학자들만이 적절한 수학적 지식을 보유하고 있었다는 점에 있었다.

변화를 위한 자극에 추진력이 더해진 것은 2008년 서브 프라임 모기지와 신용위기 때문이었다. 이 사건들은 전 세계 증시에서 수조 달러의 시가 총액을 증발시켰다. 전통적인 수학 모형들은 서브 프라임발 위기를 예측하는 데 실패했음은 물론, 경제 내 본질적 위험을 과소평가함으로써 사태의 원인을 제공하였다.

신고전파 경제학이 주장해온 경제의 이미지-안정적이며 합리적이고 자율적으로 규제하는 시장-가 틀린 것으로 판명된 것이다. 이로 인해 물리학자부터 헤지 펀드 매니저에 이르기까지 사람들이 새로운 접근법을 요구하기 시작했다.

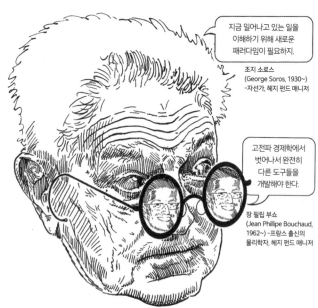

지금 일어나고 있는 일을 이해하기 위해 새로운 패러다임이 필요하지.

조지 소로스
(George Soros, 1930~)
-자선가, 헤지 펀드 매니저

고전파 경제학에서 벗어나서 완전히 다른 도구들을 개발해야 한다.

장 필립 부쇼
(Jean Phillipe Bouchaud, 1962~)-프랑스 출신의 물리학자, 헤지 펀드 매니저

윤리의식의 부재

아마 서브 프라임 모기지 사태에서 대중에게 있어 가장 큰 충격은 금융기관과 투자자들이 보인 행태일 것이다. 자신들조차 이해하지 못했으며, 지켜지리라 희망할 수도 없었던 계약에 서명하도록 밀어붙였다. 이들 모기지 브로커들부터 부정 거래에 대한 정보를 공개하지 않음으로써, 투자자들에게 손해를 끼쳤다. 이런 혐의로 2010년 자국의 규제 기관들로부터 기소된 골드만 삭스 같은 월가의 골리앗 기업들에 이르기까지 큰 추태를 보였다.

WALL ST

객관적 과학이라는 모습을 취함으로써 경제학은 윤리적 결정에 대한 필요성을 제거해버린 것처럼 보였지.

스콜라 학파와 아리스토텔레스가 강조한 윤리학은 계몽주의로 인해 사라져 버렸다. 그러나 윤리학을 대신했던 '보이지 않는 손'은 만족스럽지 못했다.

선형 과학

과학은 종종 끊임없는 개선과 향상의 선형 과정으로 가정되곤 한다. 1960년 대 후반에 이르기까지 경제학 역시 비슷하게 여겨졌다.

그 이후 신고전파 종합이론은 선형 과학을 완벽하고, 경제학의 자기부합적 설명을 제공하기 위해 발전시켰다. 그리고 심지어 인간행동모형에서 다른 사 회과학 분야에 이르기까지 확대되었다.

후기 피타고라스 경제학

물론, 주류 경제학 이론은 피타고라스의 시대까지 거슬러 올라가는 기계론 적이며 환원주의적 접근방식의 궁극적인 예로 보여질 수 있다. 경제학자들 은 시장경쟁, 개인의 권리, 그리고 경제성장을 이해하고 지키는 것을 돕기 위 해 많은 노력을 기울여 오고 있다.

하지만 오래된 패러다임을 날려 버린 새로운 종류의 경제학이 지금 태동하 고 있다. 합리적 경제인이라는 이상적 존재를 분석하는 대신 비선형의 동적 네트워크에 내포된 현실 속 인간들의 행동을 고려한다. 경제를 부족한 자원 을 목적으로 한 단절된 개개인들 사이의 경쟁으로 보지 않으며, 유대감이나 지속가능성 같은 좀 더 유연한 가치관을 중요하게 여긴다.

한정된,
남성,
단수,
일직선의,
가장 잘하는 것

무제한,
복수,
여성,
구부러진,
움직이고 있는

177

경제학에 두다!

아마 가장 중요한 것은 새로운 경제학이 인간 경제를 세계 시스템의 한 부분으로 더 큰 맥락 안에 둔다는 것이다. 지금은 경제학이 흥미로운 시대이다.

경제사 아는 척하기

초판 1쇄 인쇄 2021년 9월 10일
초판 1쇄 발행 2021년 9월 17일

지은이 데이비드 오렐
그린이 보린 반 룬
옮긴이 김완수
감수이 김종선

펴낸이 박세현
펴낸곳 팬덤북스

기획 편집 윤수진 김상희
디자인 이새봄
마케팅 전창열

주소 (우)14557 경기도 부천시 부천로 198번길 18, 202동 1104호
전화 070-8821-4312 | **팩스** 02-6008-4318
이메일 fandombooks@naver.com
블로그 http://blog.naver.com/fandombooks

출판등록 2009년 7월 9일(제2018-000046호)

ISBN 979-11-6169-178-7 (03220)